Thomas Leon Heck
✱ & I

Thomas L. Heck

Noûs Verlag
Tübingen 2001

Bildnachweis und Copyright:
Obelisk, Titelseite, M. Šantek
S. 11, I. Eichner
S.14, G.Piranesi
S. 35, (Hammer) H. Heiss
S. 46, P.W. Keller-Reutlingen
S. 48, S. Buchegger
S. 61, G. Schleicher
S. 96, F. Goya
S. 101, E. Schneidler
S. 102, A. Haarburger
S. 109, E. Patzig
Alle übrigen Fotographien A. Schmitt

ISBN: 3-924249-38-5
Die Deutsche Bibliothek – CIP Einheitsaufnahme:
Ein Titelsatz für diese Publikation ist bei
Der Deutschen Bibliothek erhältlich.

Lektorat: René Gazzari & Andreas Kaschke
Satz: René Gazzari
Herstellung: Books on Demand GmbH

Inhaltsverzeichnis

Vorwort

Nachdem mich T.L. Heck mit der Aufgabe betraut hatte, dieses Buch zu kommentieren und herauszugeben, bestand er auch darauf, dass ich mich Ihnen, liebe Leserschaft, vorstelle.
Nun, ich bin jener nette Philosophiestudent, der zerrissen zwischen Chaos, Inspiration und Pflicht dieses Buch fast von erster Minute an begleiten durfte. Sie dürfen mich für die schönen Einleitungstexte – erkennbar an dieser Schrift – verantwortlich machen. Diese sollen ein wenig Ordnung in die schier unübersehbare Menge an Materialien bringen, die über das Berufsleben von T.L. Heck berichten und die er mir anvertraute. Auch dürfen Sie mir alle Schuld geben an Schreibfehlern und anderen Mängeln im Aussehen, die der Fehlerteufel mir unterschob.
An dieser Stelle möchte ich auch Herrn Kaschke danken, der mich zusammen mit T.L. Heck bei dieser schwierigen Aufgabe tatkräftig unterstützt hat; so vor allem beim Lektorat und bei der Auswahl der Texte und Bilder.

Ihr René Gazzari

Sicherlich fragen Sie sich, warum dieses Buch einen solch seltsamen Titel trägt. Doch bevor ich mich in lange Erklärungen stürze, lasse ich T.L. Heck, der natürlicherweise den besten Einblick in die ganze Angelegenheit hat, selbst zu Worte kommen.

Warum dieses Buch nicht „Asterisk und Obelisk“ heißen darf

Seit 25 Jahren bin ich Inhaber einer Versteigerererlaubnis (das einzige deutsche Wort mit dreimal -er- hintereinander?). Aus diesem Anlass wurde das vorliegende Buch herausgegeben.

Auf der Suche nach einem Titel, unter dem sich meine recht verschiedenartigen Tätigkeiten darstellen ließen, kam ich auf: „Asterisk und Obelisk“. Ein Asterisk sieht so aus: * und bedeutet „Sternchen“. („Astro“-logie und Aster stammen von derselben Wurzel.) Asteriske werden als typographische Zeichen im Verlagswesen verwendet. Somit war diese Facette meines Treibens abgedeckt. Und Obeliske verkaufe ich in meinen Kunsthandlungen oder Versteigerungen. Mit diesem Wort war daher das historische und ästhetische Moment meiner Arbeit berücksichtigt. Der Buchtitel gefiel mir als ein geistreiches Wortspiel. Denn die geplante Formulierung entspricht völlig meinem Charakter: 1. logozentrisch, geht 2. an die Grenzen und ist 3. eine wandelnde Kritik.

1. ist der Titel eindeutig ein Wortspiel, und ich liebe nichts mehr als das Wort. Ich bin Philologe, besser wäre Logophiler, was zwar exakt dasselbe bedeutet, aber doch etwas ganz anderes ist. Wörtlich heißen beide Ausdrücke „Liebhaber des Worts“, aber der Philologe ist zum Berufsstand sklerotisiert, erstarrt, während der Logophile noch die Leidenschaft oder Liebe zum Wort in sich hat. Als Lesender zu privaten oder Forschungszwecken, als Verkäufer von antiquarischen und neuen Büchern sowie als deren Verfasser (Autor) und Hersteller (Verleger) bin ich noch immer von dieser fast fetischhaften Liebe zum Wort beseelt.

2. Doch neben aller Begeisterung ist mir ein stark polemisches Element zu eigen: Der Titel „Asterisk und Obelisk“ würde – das war mir klar – knapp an einer Verletzung des Urheberrechts an dem Titel „Asterix und Obelix“ vorbeigehen, nahm ich an. Aber eben vorbei! Man muss wohl aus besonderem Holz geschnitzt sein, um solche Risiken zu mögen. Tatsächlich gefiel den Anwälten der Rechteinhaber der Comicfiguren „Asterix“ und „Obelix“ meine Idee ganz und gar nicht, so dass sie mir mit Prozessen drohten. Ich war der Ansicht, dass „Asterisk“ und „Obelisk“ als jahrtausendealte Wörter geistiges Eigentum aller seien. Die Erfinder von „Asterix“ und „Obelix“ haben ja lediglich diese

alten Wörter verballhornt. Und mein Wortspiel mit diesem Wortspiel nun hielt ich für ungefährlich. Doch nachdem mir auch meine eigenen Anwälte dringend davon abrieten, den Titel zu verwenden, unterließ ich es. Alle Juristen waren der Meinung, es bestehe Verwechslungsgefahr im Sinne des Markengesetzes. Ein gebildeter Mensch würde bei meinem Wortspiel zumindest stutzen, womit die von mir beabsichtigte Signalwirkung vollständig erreicht war. Aber ich musste erfahren, dass ich nicht die Intelligenten ansprechen durfte mit meinem Wortwitz, sondern dass das Markengesetz den durchschnittlich dummen Verbraucher im Auge hat: Wenn ER „Asterisk“ mit „Asterix“ verwechseln kann, so ist der Titel verboten.

3. Mir ist als Lehrersohn ein gewisser pädagogischer Eros nicht auszutreiben. So wollte ich mit der Wahl des Titels den Umstand kritisieren, dass die ursprünglichen Wörter Asterisk und Obelisk kaum jemand kennt. Nicht einmal alle der Gebildetsten wissen, was ein Asterisk ist, während der davon abgeleitete Asterix dank genialer Marketingmaßnahmen eine fast allgemeine Bekanntheit erreicht hat. So wollte ich als humanistisch Gebildeter den Niedergang klassischer Bildung zugunsten eines Massenmarkts beklagen, was in diesen Zeiten offenbar so unerwünscht ist wie der Gesang des Barden Troubadix.

Kämpferisch beschloss ich nunmehr, das Buch so zu nennen: „Warum dieses Buch nicht 'Asterisk und Obelisk' heißen darf“. Doch auch dies untersagte mir der gegnerische Anwalt. Da ich keinen Prozess riskieren wollte, halten Sie nun das erste (zumindest deutsche) Buch in Händen, dessen Titel nicht aus Worten besteht. Für einen Wortfetischisten wie mich ein Paradox ersten Ranges. Am Anfang war das Wort – am Ende das Pic? Die Bibliothekare beneide ich nicht um ihre Aufgabe, dieses Buch bibliographisch zu erfassen.

Immerhin darf ich mich nach diesem Kampf wieder einmal als der wahre Asterix fühlen, der vor den Kohorten der Marktwirtschaft nicht weicht und den Legionären des Konsumimperialismus die Stirn bietet. Die vorliegende Festschrift soll in ihrer Mischung aus eben diesen Elementen: Wort, Kampf und Bildung über die bekannten betrieblichen Selbstbeweihräucherungen hinausgehen, wenngleich nicht verschwiegen werden soll, dass sie auffallen und dadurch für ihren Autor werben will.

Thomas Leon Heck, im September 2001

Auch möchte ich an dieser Stelle der lieben Frau Maute danken, die zu unser aller Trauer vor kurzem verstorben ist. Von ihr kam der einzige Glückwunsch und Beitrag zum Jubiläumsband seitens der Kunden von T.L. Heck. Es war ihr aber nicht mehr vergönnt, die Veröffentlichung mitzuerleben.

Zum 25-jährigen Geschäftsjubiläum

Kiesknirschen, eine schwarz gekleidete Gestalt mit prüfendem Blick, Schaudern bewirkendes, finsteres Gewölbe, knirschende Schritte unsichtbarer Menschen, gruftartiges Verlies, in das vor graufernen Zeiten ein Despot seine Widersacher mag verbannt haben. Das ist mir noch in lebhafter Erinnerung von meinem ersten Besuch im Heck'schen Antiquariat vor ein paar Jahren. Ebenso mein vorsichtiger Rückzug dann zum Licht, zum Despoten da oben! Immerhin, das Lager edler Weine und die antiquarische Kasse daneben empfand ich als wohltuende Menschlichkeit, und die unübersehbare Büchersammlung in ihrer Themen- und Farbenvielfalt erhellte Raum und Gemüt.

Der „Despot“ mit prüfendem Blick erwies sich während des Gesprächs als geduldiger Zuhörer und Beantworter aller Fragen, weniger als Händler, vielmehr als Mensch mit einem bewundernswert vielschichtigen Wissen. Alles in Allem, es blieb der Hauch eines ungewöhnlichen, geradezu geheimnisvollen Rätsels. Seither – und das geht anscheinend vielen Kunden so – zieht es mich immer mal wieder in diese „Fundgrube“, in der es stets Neuentdeckungen gibt, von kostbarsten Seltenheiten und Originalen bis zum Belanglosem, „was aber doch zu schade zum Wegwerfen ist“, so Herr Heck.

Herr Heck erscheint mir so vielseitig zu sein wie sein Antiquariat – ein Mensch, der sich trotz manch Negativem in seinem Beruf Sensibilität bewahrt hat für die Dinge zwischen „Himmel und Erde“, insbesondere den Menschen gegenüber. „Zu Hause“ in Kunstgeschichte und verschiedensten Geistesrichtungen steht er unermüdlich Kunden, vor allem Studenten, in Fachgesprächen Rede und Antwort und weist manchen Weg. „Überhaupt“, meint er, „ist die sprachliche Kommunikation im zwischenmenschlichen Bereich ja das sinnvollste und zweckmäßigste Hilfs- und Heilmittel.“ Die Anhänglichkeit vieler Kunden und die seiner jugendlichen Hilfskräfte sprechen für einen umsichtigen und engagierten Unternehmer „mit Herz“.
Herrn Heck alle guten Wünsche zum 25-jährigen Geschäftsjubiläum.

Marion Maute

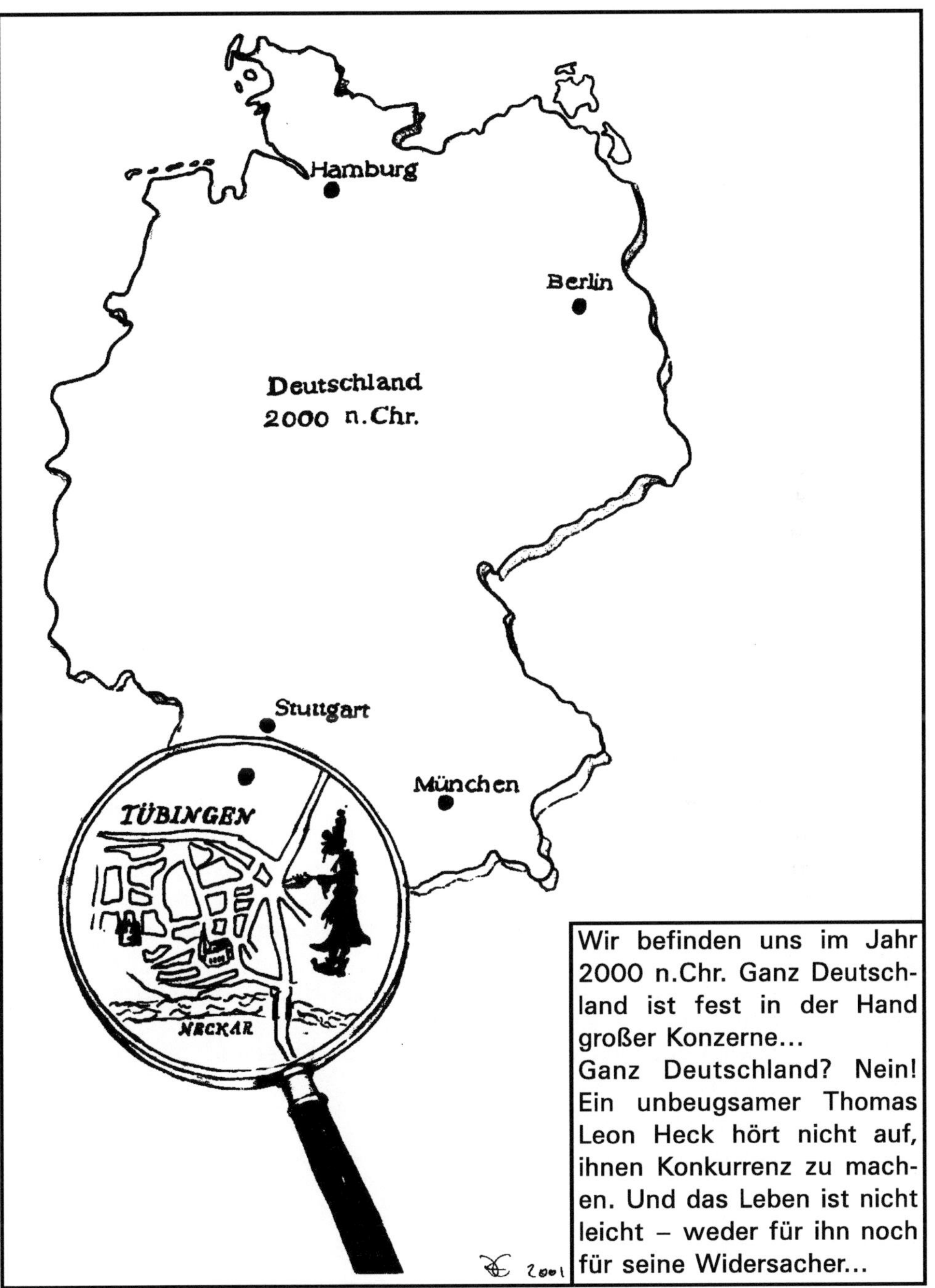
Hamburg
Berlin
Deutschland
2000 n.Chr.
Stuttgart
München
TÜBINGEN
NECKAR
2001
Wir befinden uns im Jahr 2000 n.Chr. Ganz Deutschland ist fest in der Hand großer Konzerne...
Ganz Deutschland? Nein! Ein unbeugsamer Thomas Leon Heck hört nicht auf, ihnen Konkurrenz zu machen. Und das Leben ist nicht leicht – weder für ihn noch für seine Widersacher...

Geist und Geld im Antiquariat

Schon 25 Jahre ist es her, dass er das Parkett des Geschäftslebens betrat. Vielfältig waren die Steine, die ihm in den Weg gelegt wurden. Wenn man seine Erinnerungen liest, kommt einem leicht der Gedanke, er sei Opfer einer Verschwörung. Einmal nennt er sogar Paranoia eine Frage des Überlebens. So also schlägt er sich durch den ganz normalen Geschäftsalltag und meistert fast selbstverständlich eine Hürde nach der anderen. Dabei zeigt er nicht nur geschäftliche Erfolge, auch das Geistige kommt bei ihm nicht zu kurz. Aus seinem Keller weht der Geist der Jahrhunderte, und manch wissenschaftlicher Entdeckung verhalf er ans Licht des Tages.
Nun jährte sich im Oktober 2000 das 25-jährige Versteigererjubiläum. So kam es dann, dass er sprach: Es werde eine Festschrift, eine Festschrift, wie es sie noch nie gegeben hat. Nicht langweilen wollte er die Leser mit schnödem Selbstlob. Nein, unterhalten wollte er und dem interessierten Leser Einblicke in sein faszinierendes Berufsleben gewähren.
Seiner Natur und seinem Talent verdanken wir einige unterhaltsame Episoden aus dem Alltag, festgehalten auf Papier und kaum zu glauben. Einiges in diesem Buch wird somit seinen treuen Lesern aus „Lug und Trug im Antiquariat“ bekannt vorkommen. Doch auch diese Leser werden hier auf ihre Kosten kommen und eine erfrischende Mischung aus Informativem und Unterhaltsamem vorfinden.
Bevor wir uns nun in das bewegte Leben des T.L. Heck hineinstürzen, möchte ich kurz das Augenmerk auf einen der Hauptschauplätze seines Lebens richten – den Ort, der für viele ein Synonym für ihn selbst geworden ist.

Das Antiquariat

Eine holländische Kulturzeitschrift, die Zeeuws Tijdschrift, hat im Juni 1998 „das Bücherweltreich von Thomas Leon Heck, Antiquar, Herausgeber und Schriftsteller" als „ein Labyrinth des Geistes" beschrieben, das einem Möglichkeiten eröffne, die am besten „mit Surfen im Internet" verglichen werden könnten!

Ein ganz anderes Bild entwirft der italienische Philosophieprofessor Paolo Bozzi in seinem 1990 erschienenen Buch „Fisica ingenua" über die Lehre von der „angeborenen" Physik. Sein Buch ist für wissenschaftliche Fachliteratur erstaunlich persönlich, ja von revolutionärer Subjektivität, und dies im besten Sinne, da er den in den Wissenschaften an den Rand gedrängten Menschen wieder ins Zentrum aller Überlegungen stellt. Bozzi verbindet daher wie selbstverständlich Autobiographisches mit Überlegungen, die über den Rahmen einzelner Wissenschaften hinausgehen. Neben der Erfahrung mit Musik spielt dabei vor allem das Buch eine entscheidende Rolle. Eines der neun Kapitel ist daher mit „Bücher" betitelt. Darin beginnt Bozzi mit den Ähnlichkeiten zwischen Tübingen und seiner Heimatstadt Gorizia (Görz). In einem schönen Bild vergleicht er die Dächer der Tübinger Altstadthäuser mit Büchern, die umgedreht mit dem Rücken nach oben auf einem Schreibtisch stehen.

Einer der wichtigsten Unterschiede zwischen beiden Städten sei jedoch, dass es in Tübingen Antiquariate gebe, in seiner Heimatstadt nicht. Zunächst erweist der Autor Hermann Hesses Arbeitsstätte am Holzmarkt Reverenz und fährt fort: „Von dort aus einmal nach links, den Berg hinunter, dann nach rechts, kann der Bücherliebhaber ein kurioses Antiquariat voll mit Büchern und anderen Wunderdingen finden, wie Autographen von großen Männern, Briefe, Erstausgaben, Schreibfedern, die irgendein Genie berührt hat (und davon sind einige durch Tübingen gegangen!), Porträts von jungen Philosophen. Hinter der Theke sitzt ein korrekter junger Mann, den man so gut wie gar nicht sieht. Es scheint, als würde er spähen, wer hereinkommt oder wer an den Vitrinen stehenbleibt, in denen man wegen des Staubs und der Fülle der ausgestellten Objekte wenig sieht. Er ähnelt dem jungen Brahms, zu der Zeit, als er Schumann kennenlernte: Er ist blond, hat dieselbe Frisur, dieselbe hohe und reine Stirn. Wenn er sich jedoch erhebt, überragt er Brahms klar um anderthalb Spannen [...] Wenn man die Regale mit den Erstausgaben rechts liegen lässt, die sich schon durch den Preis verbieten, eröffnet sich hinter einem schmalen Gang ein Raum von unglaublicher Geometrie, der einfach voll ist mit alten Büchern. Hier stehen die deuschen Klassiker in Ausgaben von vertrautem Aussehen. [...]" Danach berichtet der Autor, wie er hier eine Ausgabe von Thomas von Aquins „Summa Theologica" gekauft habe, obwohl er schon mehrere besitze, einfach aufgrund ihres Geruchs. Mit dem Satz „Alle Bücher haben einen Geruch" leitet er im Folgenden einen süskindschen Exkurs über die verschiedenen Gerüche von Büchern ein.

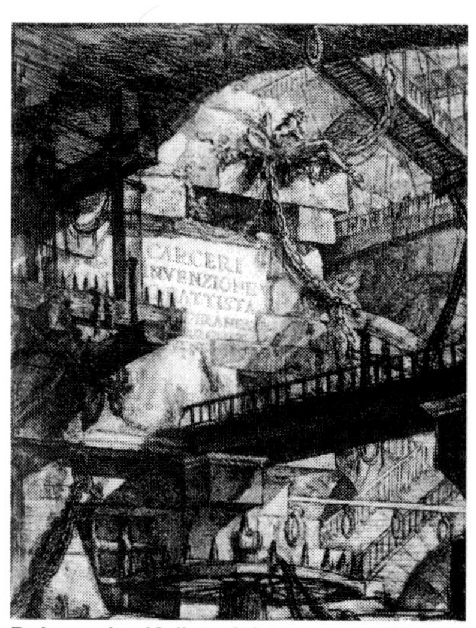

Bei uns im Keller sieht es ganz ähn-

Bisher unbeachtet blieb eine Treppe nach unten. Man tritt ein in ein riesiges Kellergewölbe aus dem 13. Jahrhundert mit Treppen, die an Piranesis Kerker erinnern und surrealistisch durch Wände hindurchzugehen scheinen. Ein zugemauerter Gang führt unterirdisch sogar bis zum Tübinger Schloss. Dies ist der einzig öffentlich zugängliche Ort der Stadt, an dem der geheime Fluchtweg besichtigt werden kann, der im Mittelalter die gesamte Altstadt mit dem Schloss Hohentübingen verband. Die Wände bestehen aus unbehauenen Steinblöcken; entgegen gutgemeinten Ratschlägen hat Heck sie nicht weiß tünchen lassen. Hier dominiert der Eindruck der bis unter die Decke gestapelten Bücher. Auch sonst fühlt man sich in diesem Antiquariat wie in einer alten Schatzkammer, wo Handschriften von Napoleon und Charles Darwin, ägyptische Ausgrabungen, das Siegel eines römischen Kaisers, Teile des Nachlasses von Bundeskanzler Kiesinger, Cognac von Feldmarschall Rommel, Silber, Schmuck, ein Aquarell von Hermann Hesse und Gemälde von teils musealer Qualität angeboten werden.

Sein Laden in der Hafengasse 10 ist auch gleich zu Anfang seiner Händlerlaufbahn der Schauplatz, an dem T.L. Heck die Art von Ehrlichkeit kennenlernt, die ihm später noch so oft zu schaffen machen wird. Schon bevor er dieses einzigartige Universum der Bücher und Schätze schaffen konnte, wurde er betrogen.

Aller Anfang ist schwer

Ich glaube zwar, dass ein Kaufmann in meiner Lage es weitgehend vermeiden kann, vor Gericht zu kommen, aber kaum, dorthin zu gehen. Mein erster Prozess lag schon in der Luft, da hatte ich noch nicht einmal meinen Laden richtig eröffnet. Mein Vorgänger in den Räumen Hafengasse 10, ein Uhrmacher, wollte den Laden aufgeben. Er vermietete mir die Räume und kassierte hierfür 6 Monatsmieten Kaution.

Corry (1986-2000), der liebste aller Ladenhüter

Wenige Tage nach meinem Einzug kamen zwei Männer in „meinen" Laden. Die Herren fragten mich, was ich in diesem Laden triebe. Ich sagte, dass ich den vom Uhrmacher gemietet hätte. Darauf sie: „Dem war der Laden bereits fristlos gekündigt!" Ich dürfe aber bleiben, wenn ich die unbezahlte Miete des Uhrmachers der letzten 6 Monate bezahlte. Dies tat ich zähneknirschend – und war so auf einen Schlag 12 Monatsmieten los. Der Uhrmacher wurde später in dieser Sache wegen Betrugs verurteilt, mein Geld habe ich aber bis heute nicht zurück, nein, vielmehr habe ich bei dem berechtigten Versuch, es wiederzuerhalten, noch einmal denselben Betrag in den Sand gesetzt.

Die Vormieterin des Uhrmachers nämlich, die in meinen Räumen jahrzehntelang ein Wollstübchen betrieb, hatte ihm Wolle und Einrichtung überlassen, die er nun durch mich versteigern ließ. Da er mein Auftraggeber war, rechnete ich den Erlös aus der Versteigerung auf mit dem Betrag, den er mir aus seinem Betrug noch schuldete. Dies ließ sich die Inhaberin des Wolllädchens verständlicherweise nicht gefallen und forderte mich auf, den Erlös an sie herauszurücken, da sie ja die Eigentümerin der versteigerten Sachen sei. Ich ließ die Gültigkeit meiner Aufrechnung anwaltlich überprüfen und gutheißen. Da ich anschließend die Herausgabe des Geldes an die Wollfrau verweigerte, wurde ich verklagt.

Groß war die Freude, als ich den Prozess gewann! Der Amtsrichter meinte, mein Verhalten sei rechtens. Doch die Wollfrau ging in die nächste Instanz, was heute wegen des zu geringen Streitwerts gar nicht mehr möglich wäre. Doch damals konnte die Sache zu meinem Pech noch an die nächste Instanz gehen, wo ich, wen wundert's, plötzlich verlor, und zwar deshalb, weil ich irgendwann einmal den gegnerischen Anwalt lange vor der umstrittenen Aufrechnung angerufen hatte, um ihm zu erklären, dass ich den Erlös an ihn direkt auszahlen wolle. Ich hatte nämlich gehofft, mir durch mein Entgegenkommen in diesem Anwalt einen künftigen Auftraggeber für Versteigerungen zu gewinnen. Erst später erfuhr ich, dass ich vom Uhrmacher betrogen worden war, und erst dann erklärte ich die Aufrechnung. Doch in meinem harmlosen Anruf sah das Landgericht eine von mir übernommene Treuhänderstellung, die mich zur Herausgabe des Geldes verpflichte, eine Begründung, die mein Anwalt bis heute nicht kapiert hat, geschweige denn ich. Hätte ich den Rösselsprung der juristischen Instanzen schon damals als pure Unberechenbarkeit interpretiert, hätte ich mir viel Ärger und Geld ersparen können.

Sogar ein Gästebuch besitzt das Antiquariat. Am 2.3.1990 trägt sich der Schauspieler Uwe Friedrichsen dort als erster ein. In den folgenden Jahren werden italienische, hebräische, ungarische, griechische, indonesische, französische, englische, gälische, gotische und deutsche Eintragungen gemacht. Hier präsentieren wir Ihnen einige Auszüge aus dem wohl einzigen unverkäuflichen Buch in diesem Antiquariat.

Das Beste aus dem Gästebuch

8.5.1990

„Amo libros antiquos“
Prof. Dr. Fritz Baur,
bedeutender Jurist (Sachenrecht)

3.6.1993

„ein Paradies der Bücher u. der kleinen Kostbarkeiten entdeckt“
Mechthild Horowski,
Vorsitzende der Deutsch-Französischen Gesellschaft

26.6.1993

„Sie haben den Traumberuf, den ich immer mal gerne hätte.“
Werner Schempp,
Protokollchef im Baden-Württembergischen Staatsministerium,
der z.B. Raissa Gorbatschow bei ihrem Staatsbesuch durch
Stuttgart begleitete

27.7.1993

„Wo man Tag für Tag auf seinem Stuhle sitzt
und treibt, was sich im Schlafe treiben läßt,
das bringt den Geist vor der Zeit ins Grab.“
Dietrich Uffhausen,
Hölderlinforscher, aus Hölderlins „Hyperion“

21.10.1993

„da wühlt's sich gut“
Elazar Benyoetz,
jüdischer Aphoristiker

1993

„Solche Buchhandlungen sollte es im Allgäu auch geben“
eine Frau Irene Czech aus Kempten

Frühjahr 1994
„voller Freude mit Erworbenem wieder weitergezogen"
der Wiener Schauspieler Manfred Helmich

8.3.1994
„Staune über die Fundgrube"
der Kunsthistoriker Prof. Dr. J.A. Schmoll gen. Eisenwerth

27.12.1994
„Jetzt bin ich schon zum zweitenmal hier, und wieder sehe ich keine Frau hier – echt toll – wenigstens ein Ort, an dem man seine Ruhe hat; ich komme wieder."
ein junger Mann mit unleserlicher Unterschrift

März 1995
„Très beau!"
der französische Schriftsteller Pierre Bourgeade

1.8.1995
„Un lieu inattendu, encyclopédique"
der französische Schriftsteller Dominique Pagnier

Noch viele kleine und große Berühmtheiten lassen sich in diesem Gästebuch finden. Stellvertretend sollen noch Paul Maar (10.10.1992), der Pietismusforscher Prof. Dr. Johannes Wallmann (16.4.1993), Dr. Ulrich Ott, der Leiter des Deutschen Literaturarchivs und Schiller-National-Museums (7.6.1993, der 150.Todestag Hölderlins) und die Schweizer Schriftsteller Dirk Amann und Anna Kurth (24.6.1995) genannt werden.

Die vielen Berufe des T.L.Heck

Manch einer, der ihn nur aus seinem Laden kennt, wird verwundert sein, wie viele Berufe er sich zu Eigen gemacht hat. Schon 1993 fand folgende Charakterisierung des Heck'schen Berufslebens in den Tübinger Blättern unter dem Titel „Geist auf griechisch" ihren Weg in die Öffentlichkeit.

Der Antiquar

„Antiquar" bedeutet laut Duden
1. Kenner des Altertums,
2. Händler mit Altertümern und
3. Händler mit alten Büchern.

Nach dieser Definition wäre der Tübinger Thomas Leon Heck der wohl letzte Antiquar im vollen Sinne des Wortes, denn er hat nicht nur Griechisch und Latein studiert, sondern handelt in gleich umfänglichem Maß mit Kunst und Antiquitäten – auch Ausgrabungen des Klassischen Altertums – einerseits sowie mit alten Büchern andererseits.

Daneben hat er als Inhaber des Noûs-Verlags mehrere Bücher verlegt und weitere in Vorbereitung.

Er selbst betrachtet das Buch als Leitmotiv seines Lebens. „Als ich acht war, erwischte mich mein Vater beim Lesen der Bibel. Er nahm mir das Buch weg und warf es in eine Ecke. Wahrscheinlich habe ich aus diesem Grund zehn Jahre später mit dem Theologiestudium begonnen. Und eine weitere frühe Erinnerung ans Buch: mit circa zehn Jahren nahm ich in die verhassten Skiferien ein Lexikon als Urlaubslektüre mit."

Für den leidenschaftlich lernenden Schüler und später fast besessen Studierenden spielte das Buch als Erfahrungs- und Wissensvermittler die zentrale Rolle.

Während seines Studiums verfasste er auch mehrere Beiträge für Bücher, u.a. für die im Tübinger Narr-Verlag erschienene Festschrift für den Tübinger Philologen Prof. Antonio Tovar, dessen letzter Schüler in Tübingen Heck war. Die Idee, mit Büchern zu handeln, kam ihm, als er nach dem Abbrechen des Theologiestudiums für seine Fachbücher in der Mensa reißenden Absatz fand.

Der Versteigerer Heck

1982 begann Heck, Versteigerungen von Kunst, Antiquitäten und Büchern in Tübingen und andernorts abzuhalten.

Einer der ersten Nachlässe, die er dabei zu verwerten hatte, war der des langjährigen Herausgebers der Tübinger Blätter, Josef Forderer: Auf einer Bühne entdeckte Heck in einem Schuhkarton, der bereits zum Wegwerfen bereitstand, die Korrespondenz Forderers mit vielen berühmten Zeitgenossen wie Reichspräsident Ebert, Ottilie Wildermuth und vielen anderen.

Ein anderer Nachlass, der einiges Aufsehen erregte, war der des in Tübingen verstorbenen Altbundeskanzlers Kiesinger. In der Bibliothek dieses schöngeistigen Staatschefs fanden sich einige besonders kostbare Bücher.

Der Kunst- und Antiquitätenhändler Heck

Aus solchen und anderen Quellen speist sich auch der von Überfülle geprägte Bestand in Hecks beiden Läden. Über die ziemlich einmalige Mischung des Warenangebots dort sagt er: „Eine reine Kunst- oder Antiquitätenhandlung ohne Bücher wäre mir zu weltlich und seelenlos. Andererseits wäre mir auch ein reines Buchantiquariat zu einseitig geistig – ich kann es nicht brauchen, wenn Besucher dort in kathedralischer Ehrfurcht zu flüstern anfangen. Ich möchte weder auf die sinnliche Schönheit eines Gemäldes oder Edelsteins verzichten noch auf die geschichts- und geistesträchtigen Qualitäten eines Buchs, das doch gleichzeitig auch hohen ästhetischen Wert haben kann."

Aufgrund seiner Vielseitigkeit war er auch der Richtige, um 1991 im Auftrag der Treuhand Waren und Inventar des einst zu Schalck-Golodkowskis Imperium gehörenden Leipziger Auktionshauses zu schätzen.

Seit Juni 1993 ist er Schirmherr für eine Serie von Sammeltellern mit Motiven aus der Genremalerei des 19.Jahrhunderts, die der weltgrößte Hersteller, Bradford, herausgibt.

Der Verleger Heck

Wie kam es bei all diesen Aktivitäten auch noch zur Gründung eines Verlags?

1982 entdeckte Heck im Rahmen einer wissenschaftlichen Arbeit über die Sünde wider den Heiligen Geist im Tübinger Universitätsarchiv ein bislang unbekanntes Manuskript des Tübinger Theologen F.C. Oetinger, das der Germanist und bedeutende Pietismusforscher Reinhard Breymayer zuvor vergeblich gesucht hatte.

Durch diesen Fund nun lernten Heck und Breymayer einander kennen, und bereits 1985 sollte Breymayer durch einen weiteren Fund Hecks erster Autor werden: Breymayer hatte in dem Tübinger „Taschenbuch auf das Jahr 1797 für Natur- und Gartenfreunde" ein bis dahin unbekanntes [, Hölderlin zugeschriebenes] Gedicht [...] entdeckt, die „Hymne an die Heiterkeit". Zum Zweck der Veröffentlichung dieses aufsehenerregenden Fundes gründete Heck, der „vom Genie Breymayers überzeugt" ist, seinen Verlag, den Noũs-Verlag (Noũs bedeutet auf griechisch Geist). Gemessen an der Reaktion der Öffentlichkeit hat Heck bereits mit seinem verlegerischen Erstling die richtige Nase bewiesen: Von der spanischen Zeitung El Pais über Le Monde halbseitig, vom Hamburger Abendblatt auf der Titelseite bis zum Neuen Deutschland, von den USA bis nach Korea interessierten sich die Medien lebhaft für den Fund. Der Verleger dazu sieben Jahre später: „Verdient habe ich dabei zwar nichts, aber die vielen, zum Teil negativen Erfahrungen waren sehr wertvoll für mich. Besonders nach der infamen Kritik des Schwäbischen Tagblatts, das die Echtheit des Gedichts bezweifelte, ist es eine große Befriedigung, wenn mein Buch in dem von Walter Jens herausgegebenen Kindlers Literatur Lexikon unter dem Stichwort Hölderlin erwähnt wird. Und bei den Hölderlin-Tagen 1993 in Jena war der Gedichttext auf einer großen Tafel abgedruckt."

U.a. für ein weiteres – vergriffenes – Buch Breymayers aus dem Noũs-Verlag, über den schwäbischen Tüftler Philipp Matthäus Hahn, der in Tübingen studiert hat, erhielt der Autor den Hahn-Preis der Stadt Kornwestheim.

Wie sehr die verschiedenen Interessen Hecks ineinandergreifen, zeigt das folgende Beispiel:

Als Kunsthändler erwarb er 1991 den bildnerischen Nachlass der 1891 in Reutlingen geborenen und in Stuttgart tätigen jüdischen Malerin Alice Haarburger, die 1942 im KZ Riga ermordet wurde. Um ihr Schicksal und Werk über die Veräußerung ihrer Gemälde hinaus bleibend zu dokumentieren, verlegte Heck einen Gedächtniskatalog. Jedoch: „Von zehn Reutlinger Buchhändlern, denen ich einen Katalog geschenkt hatte, bestellte nur einer, und von 100 angeschriebenen Stuttgarter Buchhandlungen nur drei..."

Aber gerade auch die Unvorhersehbarkeit eines Bucherfolgs reizt den Verleger. So wurde der von ihm selbst ursprünglich für den Eigenbedarf erstellte WELTKUNST-Abbildungs-Index unerwartet erfolgreich aufgenommen, der mit Nachweisen von Abbildungen von Kunstwerken auf Diskette die größte derartige Datenbank der Welt ist. Heck ging dabei ausschließlich von seiner eigenen Erfahrung als Kunsthändler aus: Die Beschaffung von Abbildungen von Kunstwerken zweit- oder drittrangiger Künstler war in der Praxis bislang meist unendlich schwer. Inzwischen kann er zahlreiche ausschließlich positive Rezensionen vorlegen, die sein Werk als methodischen Fortschritt und unentbehrliches Standardwerk loben.

Zur Zeit bereitet er einen Sammelband zum Thema Egoismus vor. „Die Tatsache, dass ich als relativ unbekannter Verleger auf meine Anfragen zu diesem Thema bei verschiedenen Autoren fast mehr Zusagen als Absagen bekommen habe, zeigt mir, dass die Frage nach dem Wesen des Egoismus in der Luft liegt." An die 60 Wissenschaftler, darunter so erstrangige wie der Verhaltensforscher Eibl-Eibesfeldt, vor allem Psychologen und Philosophen, untersuchen das Phänomen Egoismus. „Wenn das ganze Buch so gut wird wie die bereits vorliegenden Beiträge, zum Beispiel 'Goethe als bekennender Egoist' von Dr. Rüdiger Welter aus Tübingen, dann bin ich davon überzeugt, dass es ein enorm wichtiges Buch werden könnte."

Wesentlich schwieriger erweist sich das Buchprojekt „Vergleich zwischen Reutlingen und Tübingen". Heck selbst, der auch in Reutlingen eine Kunsthandlung mit Antiquariat führt, machte in beiden Städten zum Teil völlig unterschiedliche Erfahrungen. Dies brachte ihn auf die Idee, die jeweiligen Mentalitäten umfassend untersuchen zu lassen. Auch hier war wieder das Medium Buch ausschlaggebend: nicht nur kann die Reutlinger Stadtbibliothek die höchsten Ausleihzahlen bundesweit vorweisen, sondern auch die Buchhändlerin Brigitte Riethmüller bestätigt, dass die Reutlinger im Gegensatz zu ihrem Ruf „ein wunderbares Buchpublikum" seien.

Es gibt aber auch zahlreiche andere Aspekte, deren Vergleich aufschlussreich ist: So wurde bereits wissenschaftlich festgestellt, dass die Friedhofskultur in Reutlingen eher zum Prunk, in Tübingen eher zur Schlichtheit neigt.

Was die technischen Errungenschaften betrifft, so hatten die Reutlinger immer die Nase vorn. So stand die erste Buchpresse(!) schon 20 Jahre in Reutlingen, bis sich ein Tübinger erst 1498 zum Buchdruck bereitfand. Beim ersten Telefon oder Automobil war es ganz ähnlich.

Die stärkere Industrialisierung in Reutlingen ist wohl nicht nur auf eine andere Mentalität zurük-kzuführen, sondern hat auch wieder Einfluss auf die dort lebenden Menschen. So wurde Reutlingen mit seinen kriegswichtigen Zielen im Zweiten Weltkrieg fast völlig zerstört, während Tübingen so gut wie verschont blieb. Das Gesicht der Stadt Reutlingen und damit das Lebensgefühl der Bewohner wurde so nachhaltig beeinflusst.

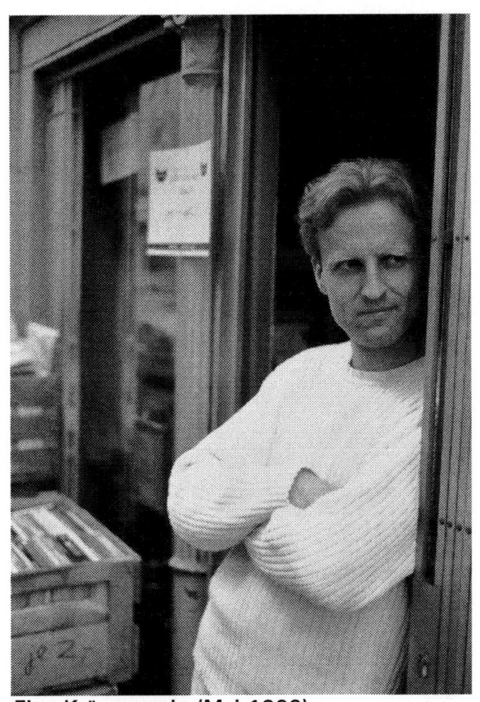
Eine Krämerseele (Mai 1999)

So gerne es mancher eingefleischte Tübinger auch hätte, für den „Du Reitlinger“ noch ein Schimpfwort ist, die Reutlinger schneiden keineswegs auf allen Gebieten schlechter ab. Es ist zum Beispiel erstaunlich, dass dort wesentlich mehr bekannte Künstler lebten und ihr Auskommen hatten als in Tübingen. Dasselbe gilt für Galerien.

Heck kann Dutzende von Aspekten benennen, die interessant sind: Von der Reformationsgeschichte über einen praktischen Pietismus (bei Gustav Werner) in Reutlingen und einen theoretischen (bei Oetinger) in Tübingen bis hin zur Zahl der Porschefahrer, Kaufhäuser und Parkplätze. Auch Brauchtum und Witze sind ergiebig.

Heck steht allerdings vor dem Problem, geeignete Autoren zu finden. Außerhalb dieser beiden Städte interessiert sich kaum jemand für eine

Arbeit zu diesem methodisch höchst interessanten Thema, und innerhalb sind die Wissenschaftler meist schon mit anderen Projekten beschäftigt, und die Nichtwissenschaftler trauen sich meist nicht. Heck hofft daher, auch aus der Leserschaft der TÜBINGER BLÄTTER Menschen zu finden, die Erfahrungen beisteuern könnten, sie mögen noch so bedeutungslos erscheinen.

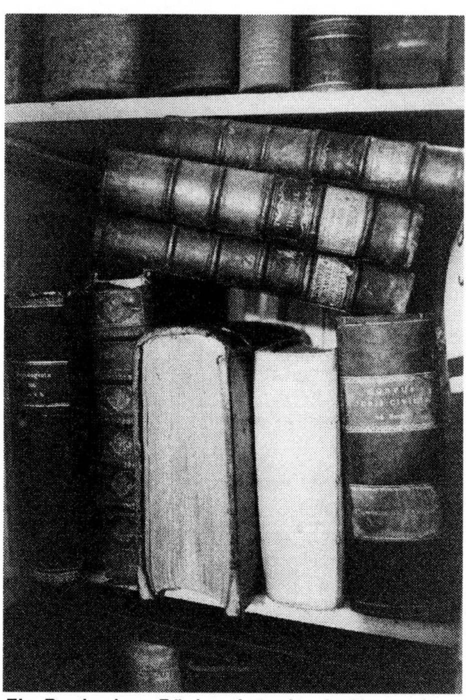

Ein Buch ohne Rücken ist wie ein Haus ohne Dach.

Die offiziellen Stellen jedenfalls unterstützen das Projekt. Die Landespolizeidirektion zum Beispiel steuert einen Beitrag über die unterschiedlichen Strukturen der Kriminalität bei. Dort hat man festgestellt, dass in Reutlingen mehr gestohlen und in Tübingen mehr betrogen wird...

Hier fehlt auch völlig der Strafbereich Rotlichtmilieu. Warum überhaupt?, fragt sich der Verleger. Auf die Antwort kann man gespannt sein.

Ob er sich vorstellen kann, eines Tages nur noch verlegerisch tätig zu sein? Die für ihn quälendste Erfahrung als Inhaber eines Ladens, die ständigen Diebstähle, lassen ihn manchmal diesen Gedanken verfolgen, aber zur Zeit reicht das Verlegen noch nicht für den Lebensunterhalt.

Statt dessen bleibt ihm einstweilen nur, sich mit allen Mitteln gegen die Täter zu wehren: Stadtbekannt ist der Vorgang, als ein hier lebender Lehrer aus dem Schuldienst entlassen wurde, nachdem Heck ihn des Diebstahls von Büchern im Wert von über 30 000 DM überführen konnte.

Für Heck steht jedenfalls fest, dass sein weiteres Leben im Zeichen des Buchs stehen soll.

Uwe T. Ruckgaber

Geistige Höhenflüge

Nach diesem Überblick über sein Geschäftsleben wird es langsam Zeit, ein wenig in die Vergangenheit zu blicken. Dort finden wir den jungen T.L. Heck, noch ganz dem Geist verschrieben, auf seiner wissenschaftlichen Laufbahn. Schon auf diesem Feld zeigte er beachtliche Erfolge. Zeitweise war er sogar führender Experte in seinem Fachgebiet, der Aussprache des Latein.

1977 500-jähriges Jubiläum der Universität Tübingen. In der aus diesem Anlass erschienenen „Bibliographie zur Geschichte der Universität Tübingen", Mohr Verlag, Tübingen 1980, ist die am 20.12.1977 preisgekrönte Schrift von Thomas Heck über J.F. Bahnmaier, den Gründer der Tübinger Predigeranstalt, aufgeführt.

April-September 1981 Heck hält an der Universität Tübingen zusammen mit Prof. Dr. Klingenberg eine Übung „Latein für Juristen" ab, an der etliche hundert Studenten teilnehmen.

30.8.-5.9.1981 Vortrag von T.L. Heck auf dem Conventus Omnium Gentium Latinitati Fovendae (unter dem Präsidium Viktor Pöschls und der Schirmherrschaft des Ministerpräsidenten Bernhard Vogel, der eine lateinische Begrüßungsrede hält) in Trier über die Aussprache des Klassischen Lateins. Das Mitteilungsblatt des deutschen Altphilologenverbandes rezensiert nur sehr wenige Redebeiträge überhaupt, darunter den von Heck: „[...] in dem minutiösen Referat über den lateinischen Lautstand, das der wohl jüngste Vortragende, Thomas Heck (Tübingen), unter dem plakativ-provokanten Titel präsentierte 'Quousque tandem abutere, disciplina, patientia nostra?'" (Bernhard Kytzler, Berlin). Der Vortrag wird in den Konventsakten abgedruckt.

Februar 1982 Heck entdeckt im Archiv der Universität Tübingen genau 200 Jahre nach F.C. Oetingers Tod dessen Manuskript über die Sünde wider den Hl. Geist. Dadurch ist die Pietismusforschung erstmals in der Lage, eine Urschrift und eine spätere Buchfassung des „Schwabenvaters" miteinander zu vergleichen.

Dezember 1982 Aufsatz in der „Tübinger Universitätszeitung" vom WS 1982/83 von Heck über F.C. Oetinger „Vernunft mit Verstand gepaart". Im selben Monat erscheint im Mitteilungsblatt des deutschen Altphilologenverbandes ein Aufsatz Hecks über den Nutzen korrekter Lateinaussprache.

1983 Im hundertsten Jahrgang der renommierten „Zeitschrift der Savigny-Stiftung für Rechtsgeschichte" erscheint eine Rezension Hecks zu dem Buch „Lateinische Rechtsregeln" von Prof. Dr. Detlef Liebs.

7.3.1983 Am Tag nach der Wahl Helmut Kohls zum Bundeskanzler erscheint in der Stuttgarter Zeitung auf Seite 7 ein Artikel Hecks über Oetinger: „Natur und Geist zusammen begreifen".

23.-25.9.1983 Heck hält erneut einen Vortrag über die Aussprache des Klassischen Latein auf einem lateinischen Festival, den Ludi Latini in Ellwangen.

1984 In den „Bausteinen zur Tübinger Universitätsgeschichte" erscheint Hecks Artikel „Ein Thesaurus Theologiae des 18. Jahrhunderts", in dem ein theologisches Preisausschreiben vorgestellt wird.

1987 In Tübingen erscheint ein baskisches Gedicht in 500 Sprachen übersetzt. Die Übersetzung ins Altgriechische stammt von Thomas Leon Heck.

1992 In der Zeitschrift der Savigny-Stiftung für Rechtsgeschichte, Bd. 109, S. 567, wird Heck, obwohl Nichtjurist, in einem Artikel von A. Wacké über Lehrmaterialien zum Juristenlatein als „fachkundiger Rezensent" bezeichnet.

Beachtlich ist auch die Liste der Publikationen von T.L. Heck. Von seiner Laufbahn als Geisteswissenschaftler bis hin zu seinem heutigen Tätigkeitsfeld als Sachverständiger für Kunst: Immer wieder finden sich die schriftlichen Zeugnisse seiner forschenden Neugier.

Veröffentlichungen von T.L. Heck

I. Klassische Philologie

- Ubi sunt qui aiunt (...), [über den pädagogischen Nutzen korrekter Aussprache des Klassischen Lateins] in: Mitteilungsblatt des Deutschen Altphilologen-Verbands, 25. Jg., Heft 4, 1982
- Quousque tandem abutere, disciplina, patientia nostra?, [über die Regeln der Aussprache des Klassischen Lateins] in: Acta omnium Gentium ac Nationum Conventus quinti Latinis Litteris Linguaeque fovendis, Brune Verlag, Leichlingen 1984, S. 231-235

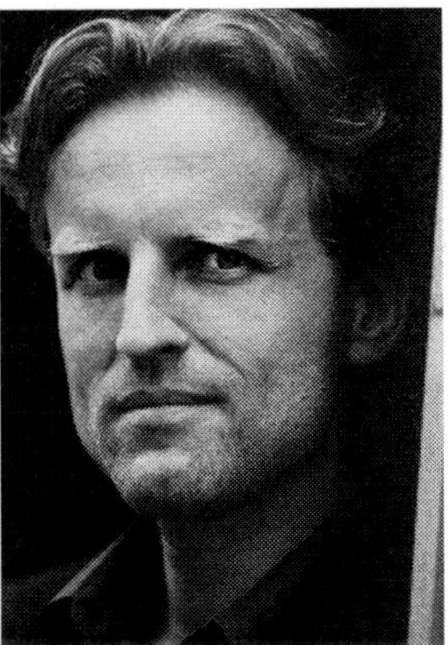
T.L. Heck...

- Hä oikia tou patros mou [Transkription], [Übersetzung eines baskischen Gedichts ins Altgriechische] in: Francisco Oroz (Hrsg.), Carmen Vasconicum, Attempto Verlag, Tübingen 1982
- Lateinische Phonofossilien im Baskischen?, in: Navicula Tubingensis, Studia in honorem Antonio Tovar, Narr Verlag, Tübingen 1984, S. 173-176
- [Sachregister zu] Heinz Happ, Luxurius. Text, Untersuchungen, Kommentar, Teubner Verlag, Stuttgart 1986

II. Theologie und Philosophie

- Vernunft mit Verstand gepaart. Just zum 200. Todestag Oetingers: Manuskript im Universitätsarchiv entdeckt, in: Tübinger Universitätszeitung, Heft 8, Tübingen 1982/83
- Ein neu entdecktes Manuskript Oetingers, in: Blätter für württembergische Kirchengeschichte, 82. Jg., Stuttgart 1982, S. 457-458

- Natur und Geist zusammen begreifen,
  in: Stuttgarter Zeitung, 7.3.1983
- Ein Thesaurus Theologiae,
  in: Bausteine zur Tübinger Universitätsgeschichte, Band 2, Tübingen 1984, S. 69-80
- (Hrsg.) Das Prinzip Egoismus, Noûs Verlag,Tübingen 1994
  darin:
  - Zur Aktualität des Themas, S. 7-8
  - Die Vorbedingungen für dieses Buch, S. 9-12
  - Eine Definition von Egoismus, S. 13
  - Zur Geschichte des Begriffs Egoismus, S. 14-16
  - Sünde und Egoismus aus christlicher Sicht, S. 92-93
  - Egoismus als kirchlicher Kampfbegriff in Gerhard Steiffs, S. 122
  - Chormusik „Die Kamele" (1985), S. 122
  - Egoismus bei Rudolf Steiner, S. 125-135
  - Selbstliebe und Eigenliebe bei Rousseau, S. 224-226
  - Der Stand der Egoismusforschung, S. 321-329
  - Der Stand der Altruismusforschung, S. 330-335
  - Über den Sammelband „Der Egoismus" von 1899, S. 570-583
  - Zusammenfassung, S. 596-601
  - Ausgewählte Zitate zum Egoismus, S. 602-610
- Das Prinzip Egoismus,
  in: gdi-report (Gottlieb Duttweiler-Institut), Jg. 14, Heft 4, Rüschlikon 1996, S. 64-72

III. Rezensionen

- Detlef Liebs, Lateinische Rechtsregeln und Rechtssprichwörter,
  in: Zeitschrift der Savigny-Stiftung für Rechtsgeschichte, 100. Jg., Wien 1983, S. 752-756
- Internationaler Führer der Kunstexperten,
  in: Weltkunst, 1994, S. 469
- Der neue Schweers
  in: Weltkunst, 1995, S. 241
- Der Marburger Index
  in: Weltkunst, 1996, S. 817
- Der Weltkunst-Abbildungs-Index,
  in: Weltkunst, 1996, S. 1332
- Karl Heinz Arnold, Auktion in der Kunst
  in: Weltkunst, 1999, S. 2460

IV. Kunst

- Abbildungs-Index für Die Kunst und das schöne Heim 1947-1970, Noûs Verlag, Tübingen 1997
- Weltkunst-Abbildungs-Index, Noûs Verlag, Tübingen 1992 (2. Aufl. 1997)
- Abbildungs-Index für Velhagen & Klasings Monatshefte von 1886-1953, Noûs Verlag, Tübingen 1997
- Index der Künstlernamen und Abbildungen der Kataloge der Großen (Deutschen) Kunstausstellungen im Haus der Kunst in München 1937-1999, Noûs Verlag, Tübingen 1999
- Reutlinger Künstler Lexikon, Noûs Verlag, Tübingen 1999 (zusammen mit Joachim Liebchen)
- (Hrsg.) Alice Haarburger, 1891 Reutlingen – 1942 KZ Riga, Schicksal einer jüdischen Malerin, Noûs Verlag, Tübingen 1992
  darin:
  - „Die Welt ist ein gespenstisches Idyll", S. 3-5
  - Auswahlbibliographie, S. 53-56
- Richard und Rudolf Riemerschmid – Eine Verwechslung, in: Weltkunst, 1994, S. 3206
- P. W. Keller-Reutlingen. Ein Vorläufer des Magischen Realismus?, in: Weltkunst, 1995, S. 1322/1323
- [Lebenslauf und Ausstellungsverzeichnis von P.W. Keller-Reutlingen], in: Städtisches Kunstmuseum Spendhaus Reutlingen (Hrsg.), Paul Wilhelm Keller-Reutlingen 1854-1920. Gemälde, Zeichnungen, Aquarelle, Reutlingen 1996, S. 65-68
- [Ausstellungsbesprechung] Keller-Reutlingen, in: Weltkunst, 1996, S. 3248
- F.H. Ernst Schneidler (1882-1956) als Illustrator, in: Illustration 63, Nr. 3, Memmingen 1997, S. 53-56
- Ein Kinderporträt von Rudolf Riemerschmid – Gedruckt oder gemalt?, in: Weltkunst, 1997, S. 1037
- Grieshabers Bibliothek als Grundlage eines Psychogramms, in: Reutlinger General-Anzeiger, 7.2.2001

V. Sonstiges

- Die Buddenbrooks von Reutlingen. Versteigerung eines großbürgerlichen Hausstands vor 100 Jahren, in: Reutlinger General-Anzeiger, 18.1.1997

Auch später in seiner Laufbahn bleibt er auf den Spuren der Vergangenheit. Er muss nicht einmal seinen geliebten Laden verlassen, um ihnen zu begegnen. Im Keller warten echte Schätze auf ihre Entdeckung. So konnte er mit Glück und Verstand – es verwundert immer wieder, wie er Wertvolles von Tand unterscheiden kann – einen weiteren Beitrag zu Forschung und Wissenschaft leisten.

Auf Nietzsches Spuren

Im Juni 1987 entdeckte T.L. Heck in einem Sammelband von Dissertationen und Schulschriften, der schon jahrelang unbeachtet in seinem Laden für etwa 40 DM angeboten wurde, eine bislang noch nicht bekannte Autobiographie Nietzsches. Heck fand diesen kurzen Text, als er den Sammelband zur Katalogisierung durchsah. Sofort vermutete er, da dieser Text sich an einem solch abgelegenen Ort befunden hat, dass er wohl der Nietzsche-Forschung bislang entgangen sei.

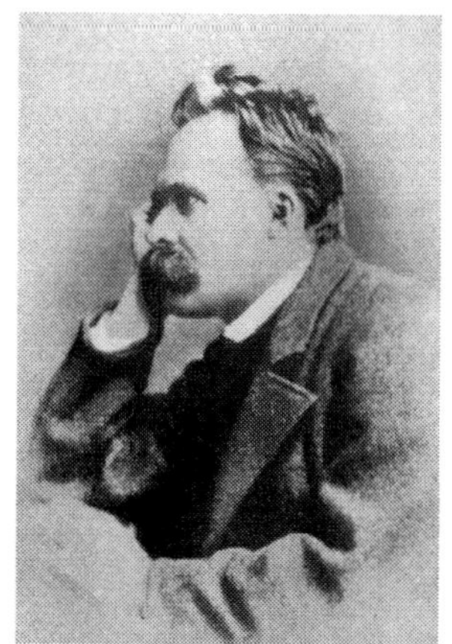
... und F. Nietzsche

Tatsächlich freute sich der Direktor der Nietzsche-Stiftung in Sils-Maria, Prof. Dr. Peter André Bloch, so sehr über den Fund, den ihm Heck zum Kauf anbot, dass er dieser Biographie einen eigenen Artikel (S. 96ff) in den „Nietzsche-Studien, Internationales Jahrbuch für die Nietzsche-Forschung", Band 18, Juli 1989, Gedenkband für Mazzino Montinari, widmete. In seiner Fundbeschreibung verschweigt allerdings Prof. Bloch, dass Heck es war, der die Entdeckung gemacht hat. Dafür lud er aber T.L. Heck und seine Frau ein, einige Tage kostenlos im Nietzsche-Haus zu wohnen.

Im Herbst 1990 entdeckte T.L. Heck abermals in seinem riesigen Bücherbestand Wertvolles: zwei Bände aus der Bibliothek von Overbeck, Nietzsches bestem Freund, die seitdem ebenso im Nietzsche-Haus in Sils-Maria zu betrachten sind.

Vielleicht nicht ganz so wissenschaftlich korrekt, dafür unterhaltend und zudem noch einzigartig waren einige Heck'sche Sprüche. Und wo würden wir enden, wenn kein Lachen den grauen Geschäftsalltag zerreißen dürfte?

Die besten Sprüche

Kunde: „Sie, i hab da a Püpple g'erbt."
Heck: „Und, wie isch's worde beim Gerbe?"

Kunde: „Ich habe da einen Teddybär von 1932, der aber ziemlich missbraucht aussieht."
Heck (mit erhobenem Zeigefinger): „Sie Schlimmer!"

Passant zu Heck: „Wieso hat der Hund einen Maulkorb an?"
Heck: „Schon mal was von SM gehört?"
Er: „Nein."
Heck: „Wenn Sie vor mir auf die Knie gehen, erklär' ich es Ihnen."

Bibliotheksdirektor von Egidy angesichts drohenden Regens: „Hoffen wir, dass es Ihnen nicht die Bücher nass regnet."
Heck: „Sie wollen sich doch nicht den Ruf einhandeln, auf trockene Bücher zu stehen."

Kundin: „Lohnt sich die Versteigerung am Samstag?"
Heck: „Für mich schon."

Kundin: „Wie behalten Sie bei dieser Fülle die Übersicht?"
Heck: „Ich brauche keine Übersicht – ich will ja nichts kaufen."

Kundin: „Mit diesem Laden haben Sie sich wohl einen Traum erfüllt."
Heck: „Ja, einen Alptraum."

Kundin kurz vor Feierabend: „Sind Sie zu?"
Heck: „Nein, sehe ich so aus?"

Kundin: „Ist der Ring gestempelt?"
Heck: „Ja, hier."
Kundin: „Ich kann den Stempel aber nicht lesen."
Heck: „Wollen Sie einen Ring oder etwas zum Lesen?"

Wenn der Hammer fällt

T.L. Heck selbst sieht sein Leben unter zwei größeren Perspektiven, der des Geistes und der des Geldes. Sicherlich lässt sich das nicht ganz so sauber trennen. Da dieses Buch aber zu seinem 25-jährigen Berufsjubiläum erscheint, müssen wir Ihnen nun einen tieferen Einblick in das Geschäftsleben von T.L. Heck gewähren. Dass er dort immer noch seinen Verstand gebraucht und sich nicht von Wissen und Kunst abwendet, ist eigentlich selbstverständlich.
Anfangen möchte ich, da es auch zeitlich am Anfang lag, mit seinen Auktionen. Viel Lob erhielt er für seine Professionalität, die er stets an den Tag legt. Stellvertretend für viele äußerte sich spontan in einem Brief nach der Versteigerung eines Diplomatennachlasses in Rottweil die Erbin, Frau Bärbel Schäffner, Inhaberin einer Direktmarketing-Firma:

„Sehr geehrter Herr Heck,
es ist mir ein Bedürfnis, Ihnen für Ihre erstklassige und absolut professionelle Arbeit nochmals sehr, sehr herzlich zu danken! Die Auflösung dieses Hauses war mir ein Alptraum, und es erscheint mir immer noch wie ein Wunder, wie Sie das – scheinbar 'mit links' – innerhalb von nur zwei Stunden über die Bühne gebracht haben. Das Genialste aber ist, dass ich trotz des weitaus höheren Erlöses als erwartet keinerlei Entrümpelungskosten zu tragen habe: Die arme Seele, die wegen drei alten Maschinen die komplette Küche und den ganzen Keller kaufen musste, arbeitet heute nunmehr schon den dritten Tag samt Frau und Kind im Schweiße seines Angesichts... Das nenne ich Cleverness!!! Ich werde Sie gerne aus Überzeugung wärmstens weiterempfehlen."

Einige Jahre später erhielt T.L. Heck daher abermals einen Auftrag zur Versteigerung durch Frau Schäffner.

„Jackpot in der Villa. Die halbe Stadt drängte sich in ein Haus. Nur zwei Stunden brauchte Thomas Leon Heck, um den Nachlass von Sebastian Schorp unters Volk zu bringen. [...] 'In 80 Jahren zusammengetragen, in 80 Minuten rausgehauen', sagt Thomas Heck. Er hat's wieder mal geschafft." Dieser Auszug aus einem halbseitigen Bericht des Schwäbischen Tagblatts vom 10.8.1998 über die Auflösung einer Rottenburger Villa gibt uns ein gutes Bild einer Versteigerung. Die wichtigsten sehen Sie im Überblick:

1982

27.2. 1.Tübinger Kunst- und Antiquitätenversteigerung, im Alleencafé

15.5. 1. Hausratsversteigerung, zum Aufruf kommt der Nachlass der Luise Völter

4.12. 2. Tübinger Kunst- und Antiquitätenauktion im Hotel Krone in Tübingen, darunter der Nachlass von Dr. Josef Forderer, dem Herausgeber der TÜBINGER BLÄTTER und Mitherausgeber des Schwäbischen Tagblatts

1983

10.6. Villenauflösung Wildermuthstraße, Tübingen. Später kommt das Gerücht auf, der dort verstorbene Professor sei von seiner Haushälterin, die dann einen Grafen heiratete, ermordet worden.

19.11. 1. Auktion in der Balinger Stadthalle

3.12. Kunstauktion in der Tübinger Musikschule: Nachlass des Malers Adolf Hesse

1984

13.3. Hecks 1. Versteigerung aufgrund von Vermieterpfandrecht: Die meisten Vermieter wissen gar nicht, dass sie an den Sachen, die in die gemieteten Räume eingebracht werden, ein gesetzliches Vermieterpfandrecht haben. Wenn der Mieter seine Miete nicht bezahlt, können die Vermieter diese Dinge öffentlich versteigern lassen.

März/April Kunst- und Antiquitätenauktionen in Villingen-Schwenningen, Balingen, Tübingen und Pforzheim. Mager ist der Erfolg in Villingen – so wird ein wertvolles Buch gestohlen, das Heck aber ein Jahr später wieder in seinem eigenen Laden zum Kauf angeboten wird. Balingen ist sehr erfolgreich – Tübingen nicht schlecht. Die letzte Station ein Totalflop: Am selben Tag findet die Schmuckmesse in Basel statt, weshalb fast ganz Pforzheim auswärts ist. Bei Auktionsbeginn sind nur zwei Besucher anwesend, die nicht einmal etwas erwerben wollen...

1985

23.2. Rottenburger Kunst-Auktion für die Hungernden in Äthiopien. Versteigerer: Thomas L. Heck. Erlös: ca. 40 000 DM.

30.3. Im Auftrag einer Tübinger Bank versteigert Heck sicherungsübereigneten Schmuck eines in Konkurs gegangenen Uhrmachers. Das Honorar entschädigt ihn für den Verlust von 12 Monatsmieten, die er ausgerechnet diesem Uhrmacher für einen Laden bezahlt hatte, der diesem bereits fristlos gekündigt worden war! Immerhin wurde das Schlitzohr dafür wegen Betrugs verurteilt – sein Geld hat Heck aber gesehen.

Juli Versteigerung eines Fabrikantennachlasses in der Bushalle Schnaith: Trophäen des Großwildjägers, Teppiche, Porzellan und andere Wertsachen

23.11. 7. Tübinger Kunst- und Antiquitätenauktion, in der Musikschule, mit Werken von Zügel, Lenbach, Chagall

1986

Sept. Hecks umsatzstärkste Auktion, die Versteigerung des Nachlasses der Reutlinger Frauenärztin Dr. Jutta Kiessling

3.11. Versteigerung des Inventars der Villa (mit Privatkapelle, Flugzeuglandeplatz etc.) eines in Konkurs geratenen Diplomaten

Hecks Hammer

21.12. Versteigerung von 150 Teilen Meissener Zwiebelmusterporzellan ohne Limit: ausverkauft, Erlös ca. 100% über Schätzwert

1987

5.3. Nachlassversteigerung in der Tübinger Scheefstraße. Die Verstorbene hatte ihren Ehemann ausdrücklich gebeten, sich mit der Verwertung ihres Nachlasses nicht zu belasten, sondern diesen durch Thomas Heck versteigern zu lassen.

29.3. Auktion zugunsten der Aktion Sorgenkind, Stuttgart: Plastiken von H.C. Zimmerle, mit Kurzbericht des Fernsehens

16.5. Anlässlich des 100-jährigen Jubiläums der Stuttgarter Bergwacht versteigert Heck unter der Schirmherrschaft der Frau des Ministerpräsidenten Späth wertvolle Sachspenden zu wohltätigen Zwecken.

1988

19.3. Heck versteigert in Tübingen den Nachlass von Ewald Katzmann, dem Verleger von Ernst Jünger u.a.

30.4. & 2.5. Versteigerung Nachlass ERIMA (Erich Mak), dazu Bericht des Schwäbischen Tagblatts vom 10.5.1988: „Ein Stück vom Chef..."

1989

13.5. Versteigerung des Mobiliars der Villa Keim, Immenhausen

1990

12.5. Versteigerung eines Fabrikantennachlasses in Reutlingen, Mühlwingle

23.6. Versteigerung Tübingen, Hopfengarten 16. Die Eigentümerin des Hauses, eine alte Frau, Witwe eines früheren Universitätsrektors, war nachts überfallen und ermordet worden. Das Verbrechen ist bis heute nicht aufgeklärt.

1991

2.9. Schmuckversteigerung für die Kreissparkasse Tübingen im Alleencafé

Oktober Versteigerung eines Diplomatennachlasses in Rottweil

1992

Frühjahr Heck versteigert gestiftete Kunstwerke für ca. 60 000 DM in der Zehntscheuer Rottenburg zugunsten der Hungernden im Sudan.

1993

28.8. Fabrikantennachlass-Versteigerung in Reutlingen, Der schöne Weg

1994

15.1. Versteigerung des Inventars der ehemaligen Villa des Tübinger Waschmaschinenfabrikanten Paul Zanker, Stauffenbergstr. 38

29.10. Versteigerung eines Villeninventars in Reutlingen, Schanzstraße 60: Zu den Besuchern zählen OB Dr. Oechsle, etliche Gemeinderäte und reiche Reutlinger.

23.11. Versteigerung des Haushalts eines Nachfahren des Dichters Sebastian Brant (der u.a. das von Dürer illustrierte „Narrenschiff" verfasste) in Tübingen, Wilhelmstr. 131

1995

28.1. Versteigerung des Nachlasses einer unverheirateten Klavierlehrerin in der Corrensstraße in Tübingen, die die Angewohnheit hatte, Geld, Gold und Schmuck zwischen Büchern, in Schubladen und anderswo zu verstecken.
Eine Käuferin findet in einem von ihr gekauften Zuckertopf einen Diamantring im Neuwert von etwa 2 000 DM, den sie trotz Ansprüchen, die der Notar als Nachlassverwalter geltend macht, nach Hecks Intervention behalten darf. Hierüber berichtet das Schwäbische Tagblatt am 31.1.1995: „Ringe im Zuckertopf – Märchenhafte Funde bei einer Nachlass-Versteigerung".

21.4. Anlässlich des 125-jährigen Jubiläums des Tübinger Schachvereins wird eine Skulptur der Ingrid Seiffer-Schulz durch Thomas Heck amerikanisch versteigert, die 3 200 DM einspielt.

August Versteigerung eines Villeninventars zugunsten des Roten Kreuzes. Der Reinerlös von 20 000 DM, aufgerundet durch Heck, ist seit über 100 Jahren die größte Spende von Privat an das DRK Tübingen. Tags zuvor hat der Balinger Zollern-Alb-Kurier aus Anlass dieser Auktion das Tagblatt-Lob über Heck wiederholt: „WOHL DER STADT, die solch einen skurril-genialen Einzelgänger wie diesen Sammler und Verleger ihren Bürger nennen kann!"

16.12. Villenauflösung im Kammweg Reutlingen, mit sehr guten Gemälden und einer schönen Sammlung Meissener Porzellan

1996

13.1. Versteigerung einer kompletten Flaschnerei, deren Inhaber ein Jahr nach der Geschäftsgründung am Alkohol gestorben war.

27.1. Schmuck-Versteigerung im Neuwert von über ¼ Million DM mit Expertisen eines IHK-Sachverständigen, alles ohne Limit. Bei diesen Konditionen wundert man sich nicht, dass alles verkauft werden konnte.

26.10. In Pliezhausen versteigert Heck den Nachlass eines Millionärs, der außer Jagdwaffen und einem Auto aber wenig Wertvolles oder gar Schönes um sich hatte. Der Erlös der übrigen beweglichen Dinge deckt gerade die Kosten der noch notwendigen Entrümpelung von tausenden von Ersatzteilen, hunderten von Holzbrettern und anderem Sperrmüll, den man vielleicht mal brauchen könnte... Heck begeht versehentlich eine Straftat, als er ein Gewehr an jemanden versteigert, der nur den Waffenschein für Pistolen hatte.

1997

26.7. Villenauflösung in Reutlingen. Im Internet wird darüber ausführlich mit Abbildungen berichtet.

1998

1.5. Heck soll in Stuttgart die erste Versteigerung von Sklaven durchführen, die aber mangels freiwilliger Kandidaten ausfällt.

2.5. Heck versteigert den Nachlass des Nachlassversteigerers Hellmut Kersten aus Nürtingen, der dort und in Reutlingen über 30 Jahre dieses Amt versah.

25.11. Heck versteigert im Auftrag des Kandidaten für das Amt des Tübinger Oberbürgermeisters, Wolf-Dieter Hasenclever, zugunsten der Streetworker gestiftete Kunst u.a. von Paul Revellio sowie Kultobjekte wie ein T-Shirt von Joschka Fischer (Bundesaußenminister): Gesamterlös fast 5 000 DM.
(Siehe hierzu Bildbericht des Schwäbischen Tagblatts v. 27.11. S. 26)

28.11. Versteigerung des Nachlasses von Dr. med. Josef Lehmann, Reutlingen. Neben einer Urkunde von „Jud Süß“ befinden sich darunter eine „Topographia Westphaliae“ von Merian, Seidenteppiche, Antiquitäten sowie Gemälde.
(Berichte der Reutlinger Nachrichten v. 1.12. und des Schwäbischen Tagblatts Tübingen v. 2.12.)

1999

27.3. Benefizauktion: veranstaltet vom Kunstverein Rottenburg, eröffnet von Bundesjustizministerin Prof. Dr. Herta Däubler-Gmelin, durchgeführt von Heck – Erlös ca. 15 000 DM zugunsten der Bürgerkriegsflüchtlinge im Sudan
(Bildbericht im Schwäb. Tagblatt v. 29.3.)

19.6. Versteigerung des Nachlasses von Lieselotte Vonier-Stock in Offenhausen. Sie war die Tochter des Mediziners Wolfgang Stock, nach dem in Tübingen eine Straße benannt ist, sowie liiert mit dem Nobelpreisträger Adolf Butenandt, der das Sexualhormon entdeckte. Möbel von Barock bis Historismus, Ikonen, Zinn, Grafik und anderes werden gut verkauft.
(Fotoberichte des Münsinger Albboten und des Reutlinger General-Anzeigers am 21.6.)

28.8. Versteigerung des Nachlasses der Reutlinger Künstler Elfriede und Hannes Trethann
(Pressebericht im Schwäbischen Tagblatt v. 30.8.)

2000

19.2. Das Studentenwerk Tübingen lässt seine aufgelöste Konditorei durch Heck versteigern. Trotz Fasnachtszeit kann aber eine Berliner-Maschine nicht verkauft werden.
(Fotobericht im Schwäb. Tagblatt v. 18.2., S. 25)

26.2. Die erste bei der Stadt Bad Urach angemeldete Versteigerung wird vom Auktionshaus Heck durchgeführt: der Nachlass des Wagenbauers und Skifabrikanten Ernst Walcher.
(Bildberichte von Ermstalboten und GEA)

11.3. Versteigerung des Nachlasses von Johannes Kalbfell, Vetter des legendären Reutlinger Oberbürgermeisters und Kinobesitzer.
(Fotobericht der Reutlinger Nachrichten v. 14.3.)

12.5. Für die Bürgerbewegung „Mehr Demokratie" versteigert Heck wohltätig im Tübinger Casino zugunsten von mehr direkter Demokratie (in Form von Volksbegehren) Sachspenden und – erstmals in 25 Jahren – gestiftete Dienstleitungen wie Nachhilfe in Latein, Gassigehen mit dem Hund u.a.

30.9. Hecks bedeutendste Nachlass-Auktion in Tübingen: z.T. museale Gemälde und Skulpturen
(Bericht im Schwäbischen Tagblatt v. 2.10.)

21.10. 1. Nachlassversteigerung in Walddorfhäslach: In einer Scheuer neben einem ausgebrannten Haus wurde der Nachlass einer 87-Jährigen versteigert, der Spuren ihrer gesamten Lebensgeschichte zeigte: von ihrer Erstklässler-Schiefertafel über Bücher des Dritten Reichs bis zu angekokelten Stücken.
Die Bäurin war beim Löschen eines Ölofenfeuers mit Wasser durch die Stichflamme tödlich verletzt worden.

4.11. Heck versteigert für die Stadt Albstadt über 200 ausgediente Parkuhren, mit großem Erfolg und unter beachtlichem Medieninteresse: Neben mehreren Zeitungen und Rundfunksendern berichten die Landesschau und sogar dpa über die Auktion und ihr Ergebnis: über 13 000 DM Erlös.

Wie auch nicht anders zu erwarten, gibt es neben den harten Fakten auch eine Menge zu erzählen. Eine wahre Artenvielfalt an Personen findet man in Hecks Berichten, zum Teil schon in der vergriffenen Broschüre „Lug & Trug im Antiquariat" zusammengefasst: angefangen beim betrügerischen Kollegen bis hin zum stehlenden Mitarbeiter. Wenn man diese Geschichten so liest, fragt man sich, ob es überhaupt noch redliche Menschen gibt.

Die Welt ist klein

Zu meinen unglaublichsten Erfahrungen zählt die folgende: Auf einer meiner Kunstversteigerungen in Villingen kam mir nicht nur die Hoffnung abhanden, man könne dort mit einer Kunst- und Antiquitätenauktion erfolgreich sein, sondern auch ein barockes Buch mit alchemistischem Inhalt. Ich weiß gar nicht mehr, ob ich den Verlust überhaupt bemerkte. Jedenfalls betrat ein Jahr später der Antiquitätenhändler F. meinen Laden in Tübingen und legte mir mein eigenes Buch zum Ankauf auf die Theke, das er auf einer Antikmesse in Villingen wahrscheinlich von den Dieben direkt erworben hatte. Ich ließ das Buch von der Polizei sicherstellen. Später wurde es mir vom Gericht förmlich zugesprochen, das rare Dokument dieses Gerichtsbeschlusses habe ich noch heute.

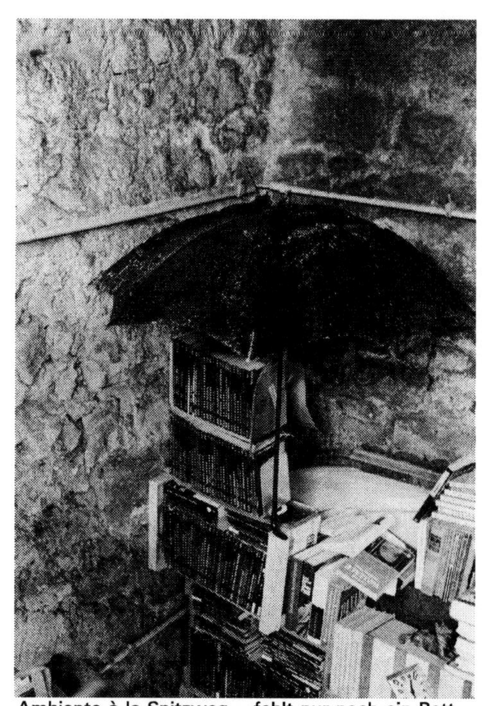

Ambiente à la Spitzweg – fehlt nur noch ein Bett.

Da F. sträflicherweise keine Quittung von den vermutlichen Tätern besaß, hatte er den Schaden. Er konnte nur so viel sagen, dass es sich um ein vornehmeres Ehepaar mittleren Alters mit Pudel handelte...

Unverschämtheit

Bei einer meiner Versteigerungen entwendete Frau H. – bei allen sonst geschilderten Fällen sind die Täter männlich! – einen Staubsauger. Als der Verlust bemerkt wurde, konnten sich andere Besucher an die „Dame“ erinnern, so dass ihre Identifizierung nicht schwer fiel. Als ich wenige Tage nach der Auktion bei ihr anrief, leugnete sie den Vorgang nicht, statt dessen sagte sie empört: „Aber das Gerät ist ja kaputt, das bringe ich Ihnen zurück.“ Da ich mit einer Anzeige wegen Diebstahls drohte, zog sie es immerhin vor, von ihrer „Reklamation“ Abstand zu nehmen und das Stück zu bezahlen. Aber sie schämte sich nicht, weiterhin meine Versteigerungen zu besuchen. Sie ahnt nicht einmal, dass sie Gegenstand dieses vor Ihnen liegenden Berichts ist, aber damit ist sie nicht allein. Ich habe mir schon oft überlegt, ob ich diese Broschüre mit der Bemerkung ins Schaufenster hänge: „Vielleicht stehen Sie auch drin!“, habe dies dann aber aus blankem Opportunismus immer wieder unterlassen. Derselbe Opportunismus bewegte mich dazu, Frau H. nach dieser Dreistigkeit nicht sofort das Haus zu verbieten, obwohl ich doch Schopenhauers pessimistische Erkenntnis schon so oft bestätigen musste, der rät, mit jedem Menschen bei der geringsten Charakterlosigkeit sofort zu brechen, damit nicht noch Schlimmeres nachfolge. Erst als die H. wieder einmal ihren miesen Charakter bewies, indem sie sich weigerte, ein von ihr ersteigertes und dann kaputt gemachtes Objekt zu bezahlen, warf ich sie mitsamt ihrem ebenso üblen Ehemann vor aller Kundschaft für immer hinaus.

Mitarbeiter als Opfer und Täter

Einem meiner Mitarbeiter, deren Hauptaufgabe die Diebstahlsverhütung ist, wurde aus seiner über den Stuhl gehängten Jacke der Geldbeutel mit dem gesamten Bafög in Höhe von 500 DM gestohlen. Eine schmerzhafte Lektion! Doch Mitarbeiter sind nicht nur Opfer. Ein Drittel der Schäden durch Ladendiebstähle, die sich bundesweit jährlich auf mehrere Milliarden DM belaufen, wird den Kaufleuten leider von den eigenen Angestellten zugefügt.

Ich selbst benötigte einmal für die Versteigerung des Nachlasses eines bekannten Textilfabrikanten mehrere Aushilfskräfte und stellte einen jungen Mann ein, der mir recht fit vorkam. Ich wunderte mich allerdings sehr, als ich mit ihm zusammen einen Schreibtisch öffnete, wobei mir eine antike Taschenuhr entgegenkam. Er regte nämlich an, das wahrscheinlich unbemerkt gebliebene Stück doch einfach verschwinden zu lassen, was ich natürlich empört zurückwies. Als mir andere Mitarbeiter berichteten, er habe sich mit einer Plastiktüte voller Dinge entfernt, vermutete ich ganz richtig, dass er mit der bei der Uhr bewiesenen Haltung wahrscheinlich Verschiedenes aus diesem Nachlass gestohlen hatte. Die lokal zuständigen Polizisten – wegen der Stellung des Fabrikanten am Ort sehr dienstbeflissen – stellten tatsächlich auch einige Wertsachen bei der Durchsuchung der Wohnung des Mitarbeiters fest, peinlicherweise sogar den Parteiausweis des Verstorbenen aus dem Dritten Reich. Ich darf mir gar nicht vorstellen, wie die Erben reagiert hätten, wenn das Dokument irgendwo im Handel aufgetaucht wäre. Möglicherweise hätten sie auf mich als Täter geschlossen, was ganz fatal geworden wäre.

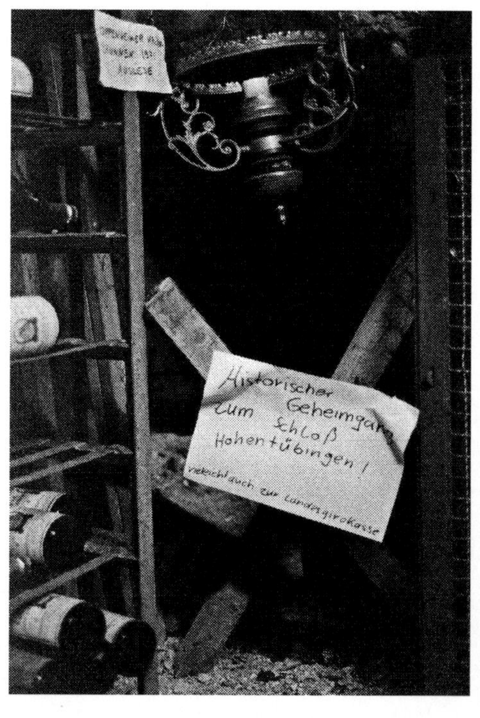

Beim Strafprozess behauptete der Täter, die von ihm gestohlenen Sachen wie z.B. einen versilberten Kerzenleuchter für Abfall gehalten zu haben. Da fragte mich der Richter, ob das sein könne, woraufhin ich sagte, dass es gerade meine Aufgabe sei, vor der Versteigerung „so schöne Sachen" herauszupicken aus der Masse des zu veräußernden Gutes. Worauf der Richter mich arrogant belehrte: „So schön kann der Leuchter nicht gewesen sein, wenn Sie ihn später für nur 120 DM verkauft haben!", so als ob Schönheit und Wert dasselbe wären. Und von der lateinischen Rechtsregel hat der Gute wohl auch noch nie gehört: „Cuique in arte sua credendum est", das heißt: „Jedem (Fachmann) ist in seinem Fach zu glauben."

Später erfuhr ich aus der Zeitung, dass der Bruder des Mitarbeiters ein verurteilter Mörder ist! Aber man sieht halt auch als Arbeitgeber nicht in die Menschen hinein.

SCHMETTERLINGSEFFEKT

Die Chaosforschung nennt so den Umstand, dass das Schlagen eines Schmetterlingsflügels in Tübingen durch Verknüpfung mit weiteren Umständen in China einen Wirbelsturm auslösen kann. Mir erging es so in dem folgenden Fall. Vor einer meiner Nachlassversteigerungen entdeckte mein Mitarbeiter in einer Schublade, eingewickelt in ein unscheinbares Papiertütchen, Schmuck für über 1 000 DM, den wir dann entsprechend präsentierten. Noch bevor die eigentliche Besichtigung begann, ließ ich einige mir bekannte Personen herein, darunter einen Kaufmann, der am Ort in seiner Branche die Spitzenposition einnahm. Nachdem dieser sich nach einem längeren Aufenthalt schon verabschiedet hatte, fragte mich der Mitarbeiter, wo eines der von ihm entdeckten Schmuckstücke, eine Kette, sei, die gerade noch an ihrem Platz gelegen habe und von dem Kaufmann eben noch besichtigt worden sei. Da sich dieser Kunde regelmäßig für Schmuck dieser Gattung interessiert, fragte ich ihn, als er schon beim Hinausgehen war, wo er diese Kette hingelegt habe. Er behauptete sichtlich nervös, die Kette liege im Untergeschoss, was völlig unglaubhaft war, denn sie war im Erdgeschoss gefunden worden, und der Mann hatte sie auch dort besichtigt. Er drehte sich um, um eiligen Schrittes selbst ins Untergeschoss zu gehen und nicht etwa den Mitarbeiter dort die Kette suchen zu lassen.

Wäre ich ihm nachgegangen, hätte ich ihn in die Enge getrieben. Wenn sich das Stück dann nicht gefunden hätte, wäre es zu einem Eklat gekommen, den ich in diesem Fall vermeiden wollte, da der Verdächtige nicht ohne Einfluss ist. (Außerdem sollte in wenigen Minuten die Besichtigung dieses Fabrikantennachlasses beginnen, die Besucher standen schon vor der Tür, da hatte ich keinen Nerv für Polizei und Vernehmung und viel Theater. Ich ließ ihn also allein ins Untergeschoss gehen.) Er kam zurück und präsentierte die Kette. Seine total verlegene Frage nun, was er dafür bieten solle, ist ein weiteres Indiz für den Diebstahl, denn er zählt zu den ausgesprochenen Fachleuten für Granatschmuck. So erkennt er durch Vitrinenglas hindurch, ob es sich um echte oder unechte Steine handelt, außerdem ist er über die Preise bestens informiert.

Seine Schuld bewies er auch dadurch, dass er erst jetzt auf meine Empfehlung hin ein hohes Gebot für die Kette abgab.

Ich bin mir sicher, dass auch er damals meinen Verdacht geahnt hat, denn seine gelegentlichen Besuche in meinem Laden blieben daraufhin für fast ein Jahr aus. Danach kam er wieder, weil er wohl annahm, ich hätte doch nichts bemerkt, da keine Reaktion meinerseits erfolgte. Meine Frau und ich konnten ihm jedoch keinen Respekt mehr entgegenbringen. Doch meine Haltung, hier einmal Gnade vor Recht ergehen zu lassen, sollte mich teuer zu stehen kommen. Denn Jahre später wagte derselbe Kaufmann, wahrscheinlich angestachelt von seiner als recht giftig geltenden Frau, die den Vorgang um die Kette wohl nicht kannte, mich öffentlich anzugreifen in einer Weise, die mir sehr schaden konnte. Meine Empörung war vollkommen: Hier wagte ein Mensch, der allen Grund hätte zu schweigen, mich zu beleidigen! Selbst meine Frau, die sonst eher zur Versöhnung neigt und jedem Streit am liebsten aus dem Weg geht, forderte nun den Kopf des Mannes. Also gab ich zurück, und zwar ebenfalls öffentlich (durch Aushang im Schaufenster sowie in der Zeitung) und so heftig, dass ich unmittelbar darauf durch eine von meinem Gegner erwirkte gerichtliche Verfügung ruhiggestellt wurde. Ich hatte in meiner Schmähschrift nicht nur den Diebstahl durchblicken lassen, sondern noch andere Leichen im Keller des Kaufmanns gefunden, die ich nun alle ans Tageslicht zerrte. Meine Reaktion ließ ich anwaltlich vor der Bekanntgabe überprüfen. Der Gerichtsverhandlung sah ich daher gelassen entgegen, da ich für alle meine Behauptungen ausreichend Beweise und Zeugen gesammelt hatte.

Doch das Gericht erkannte zwar eine gewisse Berechtigung meiner Empörung an, war aber leider auch der Ansicht, dass ich entschieden zu weit gegangen sei. Meine Kosten lagen bei über 10 000 DM! Ich erkannte, dass die Wahrheit nicht das höchste Rechtsgut in diesem Lande ist, das geordnete Zusammenleben gilt mehr. Daher heißt das System Rechtsstaat und nicht Wahrheitsstaat.

Meine Enttäuschung über den Kaufmann hatte sich nach seinem unklugen Angriff gegen mich gesteigert. Ich hatte all die Jahre lang weder vergessen noch verziehen, und daher die Explosion. Allerdings war ich zwar zuletzt im Innersten getroffen von dieser Niederlage vor Gericht, muss aber auch sagen, dass ich die Sache trotzdem nicht bereue, sachlich hatte ich nämlich gesiegt, rechtlich nicht – also ein Pyrrhussieg. Pyrrhus hatte nach einem Sieg über die Römer bekanntlich gesagt: „Noch ein solcher Sieg – und ich bin verloren."

Abschließend nahm ich meine Anwälte erfolgreich in Haftung für die Fehlberatung, was den Schaden erheblich minderte.

Der Experte

Der Beruf des Auktionators ist eng verbunden mit dem des Sachverständigen. Mit Faszination habe ich in meinem Praktikum beobachtet, wie T.L. Heck durch verschiedene Häuser geeilt ist und scheinbar mit dem ersten Blick den Wert der Gegenstände festgestellt hat. Selten war es ihm nötig zuzugeben, dass er sich nicht sicher sei und in seinem Büro Fachliteratur zu Rate ziehen möchte. Auch dabei bestätigte sich nur, dass T.L. Heck wieder goldrichtig gelegen hatte. Dass dieser Beruf nicht ganz unproblematisch ist, sehen Sie im folgenden Artikel.

Einbruchdiebstahl-Prophylaxe

Ich wurde in den Haushalt eines der höchstrangigen Tübinger Beamten gerufen, um dort Kunst und Antiquitäten für die Hausratsversicherung zu schätzen.

Nach Abschluss dieser Tätigkeit sagte die Dame des Hauses auf meine Frage, ihren Schmuck wolle sie zu einem gesonderten Termin ebenfalls noch schätzen lassen. Dazu kam es aber leider nicht mehr, denn kurz darauf wurde der Haushalt der auch in anderer Hinsicht vielgeplagten Familie von Einbrechern heimgesucht, wobei der gesamte Schmuck abhanden kam. Die Geschädigten waren nun völlig auf die Kulanz der Versicherung angewiesen, nicht gerade eine ideale Situation.

Da Einbrüche nicht gerade dann öfter passieren, nachdem ich einen Haushalt besichtigt habe, bin ich bislang nicht in Verdacht geraten, der Tippgeber für Gangster zu sein. In einem Krimi mit dem Tübinger Schauspieler Klaus Barner spielte dieser einen Kunsthändler, der einst ein Gemälde von Macke verkauft hatte. Nun ließ er im Film den Besitzer ermorden, um wieder an das Bild zu kommen. Aus der Literatur kennt man diese Art von Besessenen ja in Gestalt des Juweliers im „Fräulein von Scudery“ von E.T.A. Hoffmann: Auch hier ermordet der begnadete Goldschmied seine Käufer, um die selbstgefertigten Preziosen wiederzuerlangen. Ob so etwas außerhalb des fiktionalen Genres vorkommt, weiß ich nicht.

Doch die Angst der Wohlhabenden nimmt ständig zu. Ich merke dies besonders in Reutlingen, wo einige Reiche wohnen. Als Verfasser des Werkverzeichnisses des Malers Keller-Reutlingen bin ich darauf angewiesen, alle existierenden Gemälde des Künstlers zu kennen.

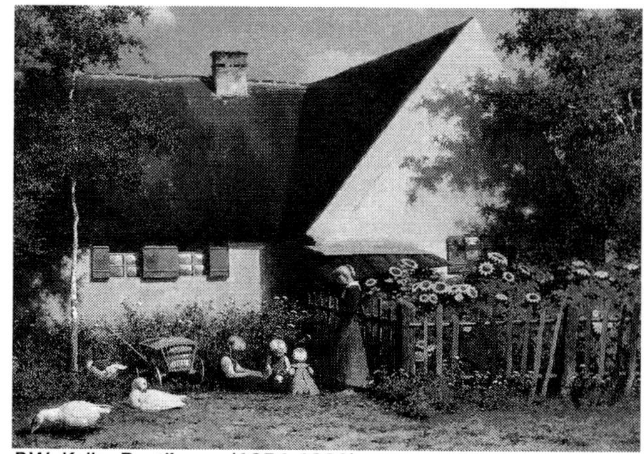
P.W. Keller-Reutlingen (1854-1920)

Obwohl viele Bilder Kellers in seiner Heimatstadt Reutlingen hängen, lassen mich manche Eigentümer um keinen Preis diese Bilder sehen, selbst wenn ich über Dritte bereits von deren Existenz weiß.
Da fahren manche Leute ein Auto für 100 000 DM und mehr, was sie den weniger Begüterten täglich vorführen, deren Neid ja nicht unerwünscht ist, aber mir ein Bild Kellers für durchschnittlich 30 000 DM vertraulich vorzuführen, dazu reicht der Mut nicht.

Ich nehme dieses Misstrauen persönlich – es ist aber auch ein Symptom dieser verunsicherten Zeit. Man sagt nur, Geld sei scheu wie ein Reh. Ich kann dies so illustrieren: Als ich einen meiner besten Kunden – zwischen uns besteht ein fast grenzenloses Vertrauen – einmal im Laden freundlich mit Namen begrüßte, wurde der richtig böse: Kurz zuvor war in der Nähe ein Angehöriger seines Berufsstandes ermordet worden. Der Kunde fürchtete nun, dass mein Gruß von einem anderen im Laden Anwesenden gehört werden könne, woraus sich dann der Schluss ziehen ließe, dass er als namentlich bekannter und daher wohl guter Kunde schon viel Kunst bei mir gekauft haben dürfte (der Schluss wäre in diesem Fall sogar richtig), die jetzt zum Einbruch u.ä. einlade.

Dennoch rät T.L. Heck immer wieder, nicht nur im Zusammenhang mit Versteigerungen eine Schätzung durch ihn in Anspruch zu nehmen. Das relativ wenige Geld, das man scheinbar bei diesem Dienst verliert, wiegt bei weitem nicht so schwer wie die Risiken, denen man nun getrost aus dem Weg gehen kann. Wieweit die Schätzung des Unkundigen vom wahren Wert entfernt liegen kann, mögen folgende Beispiele dokumentieren.

Während landläufig die Vorstellung herrscht, wir Antiquare würden durch die Unwissenheit der privaten Anbieter von Wertsachen ziemlich günstig an unsere Ware herankommen, bietet sich in Wirklichkeit in fast allen Fällen das entgegengesetzte Bild: Jedesmal, wenn der Verkauf einer Gutenberg-Bibel für mehrere Millionen durch die Zeitungen geht, tauchen stolze Besitzer von Luther-Bibeln um 1890 auf, die sich im Besitz von weiß Gott was für einem Vermögen glauben. Tatsächlich liegen diese Bibeln aber meist im zweistelligen Preisbereich. Durch solche Medienberichte bilden sich schnell Legenden um das einzig alte Stück im Familienbesitz.

Eine Mutter hatte zwei Söhne, wovon sie dem einen das Haus vermachte, dem anderen die Familienbibel von ungefähr 1750. Der Erbe ließ das gute Stück für 1 500 DM restaurieren und lieferte es dann auf eine Auktion meines Vaters ein. Als der angemessene Zuschlag bei 1 200 DM lag, fehlte nicht mehr viel, und der Erbe des „Schatzes“ hätte sich aufgehängt.

Auch ich kann eine ähnliche Geschichte zum Besten geben: Ein in der näheren Umgebung gut bekannter Ausstellungsmacher brachte mir im Auftrag einer Witwe Fotos von einem ihr gehörenden Buch, das sich angeblich außer bei ihr nur noch im Besitz der Familie Kaiser Wilhelms II befinde. Tatsächlich handelte es sich jedoch um ein weit verbreitetes patriotisches Prunkwerk um 1900, von dem ich sogar ein Exemplar im Topzustand für 360 DM im Laden hatte. Die Legende der Einmaligkeit hatte sich aufgrund einer reproduzierten Unterschrift des Kaisers unter dem Vorwort gebildet.

Nach mehreren Jahren rief mich eine Dame aus Urach wegen einiger Wertsachen an. Als ich sie aufsuchte, zeigte sie mir unter anderem die Fotos dieses Buchs, das ihr gehörte! Ich wusste bereits, dass sie sich dafür 300 000 DM erhoffte. Stellen Sie sich vor, ich hätte ihr angemessene 200 DM geboten – sie wäre, womöglich dem Wahnsinn nahe, durch die Stadt gerannt und hätte mich einen Betrüger gerufen!

Jeder Kunsthändler und Antiquar kann von derartigen Überschätzungen berichten, und nach meiner Privatstatistik verhält es sich mit Preisvorstellungen ungefähr so: 60% überschätzen ihren Besitz zum Teil maßlos, 30% haben eine realistische oder verhandlungsfähige Vorstellung, und nur die restlichen 10% verlangen weniger, als ein Händler dafür freiwillig zahlen würde. Daher meine Empfehlung an alle, die Wertsachen besitzen: Lassen Sie diese Stücke gegen eine geringe Gebühr bei mir oder einem anderen Sachverständigen schätzen und reduzieren Sie dann ihre Vorstellung um die von Ihnen eingeräumte Händlerspanne. Dies ist jedenfalls günstiger als von Pontius zu Pilatus zu rennen und hausieren zu gehen, eventuell sogar ohne Erfolg.

Ein weiterer Grund für die Überschätzung selbst gewöhnlicher Gegenstände liegt in der fortschreitenden Musealisierung des Alltags: Manche Museen stellen selbst Alltagsgegenstände wie Einrichtungen aus, woraus der Besucher oder Medienkonsument meist zu Unrecht schließt, dass ähnliche Gegenstände in seinem eigenen Besitz auch museal seien.

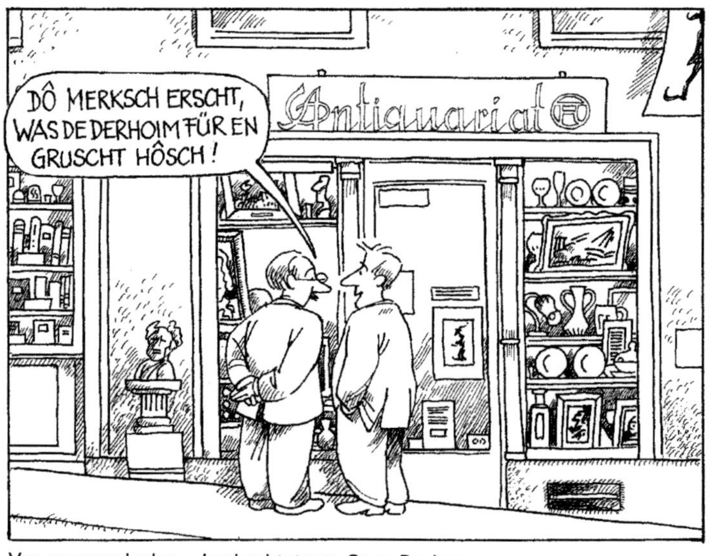

Vor unserem Laden... beobachtet von Sepp Buchegger

Natürlich ist auch der beste Experte nicht unfehlbar. Dass T.L. Heck diese Fälle nicht totschweigt, zeugt nur von seiner Ehrlichkeit.

Schmerzhaft sind auch Verluste in Form von entgangenem Gewinn. Bei der Fülle und Verschiedenartigkeit der Objekte, die durch meine Hände gehen, kann es nicht ausbleiben, dass ich in dem einen oder anderen Fall die wahre Bedeutung eines Stücks unterschätze.

So besaß ich einst die deutsche Erstausgabe eines englischen Klassikers. Als sich ein Kollege dafür interessierte, schätzten wir gemeinsam das Buch auf 1 200 DM, worauf ich ihm einen großzügigen Kollegenrabatt von 50% gewährte. Obwohl ich keinen einzigen Preis für das Werk hatte ermitteln können, kam mir schon wenige Wochen darauf ein Katalog in die Hände, in dem dasselbe Objekt für 11 000 DM angeboten und auch verkauft wurde. Zwischenzeitlich hat es sogar einmal 17 000 DM erbracht.
Diesen Fehler habe ich bis heute nicht richtig verschmerzt, da ich zugegebenermaßen stets von einem solchen Schnäppchen geträumt hatte; aber noch nie war mir ein derartiger Fang geglückt. Hier hätte ich erstmals einen Gewinn von fast 10 000 DM erzielen können. Es hat wohl nicht sollen sein, und am liebsten hätte ich die Geschichte nie erfahren.

Besonders pikant ist auch die Geschichte mit der Zuchtperlenkette, die ich für 300 DM verkauft hatte. Der Käufer brachte sie nach wenigen Wochen zurück und bat um Umtausch, da sie am Hals seiner Frau immer verrutsche. Kulanterweise nahm ich die Kette zurück und fand viel später im Rahmen eines von mir in Pforzheim absolvierten Fortbildungskurses über Perlen heraus, dass es sich nicht um Zuchtperlen, sondern um echte Orientperlen handelte, deren Wert fast zwanzigmal so hoch war!

Ähnlich erging es mir mit einem Edelstein, den ich einem Juwelier und einer Goldschmiedin vorlegte, die ihn beide als Quarz identifizierten. Als mir nach einem halben Jahr ein Schmuckkenner Zweifel an dieser Behauptung signalisierte, ließ ich das Stück gemmologisch untersuchen: Es handelte sich tatsächlich um einen völlig anderen Edelstein von dreißigfachem Wert.

Die Welt des Asterisk

Unbestritten das Heck'sche Lieblingskind, bringt der Noũs Verlag eine erstaunliche Vielfalt an Werken hervor. Von mühevoller Fleißarbeit zeugen seine sehr gelobten Datenbanken und Künstlermonographien. Sogar ein Gedicht, die Hölderlin zugeschriebene „Hymne an die Heiterkeit", fand den Weg in die Öffentlichkeit. Gestatten wir uns einfach einen Blick auf das Programm des fast kleinsten Verlags in Tübingen.

I Datenbanken

(1) Thomas Leon Heck,
Weltkunst-Abbildungs-Index,
2. Aufl., Tübingen 1997

Dieses Register erschließt über 115 000 Kunstwerke, die in der Zeitschrift Weltkunst abgebildet wurden, und somit eine der größten Fototheken der Welt. Über ein Dutzend ausschließlich positiver Rezensionen loben dieses neue Medium, z.B. als „Standard-Handwerkszeug für sehr verschieden geartete Beschäftigungen mit der Bildkunst", „so spannend wie ein Kriminalroman". Es leiste „unschätzbare Dienste", sei „ein neuerschlossener Kontinent von vielseitigen Informationen", von „geschäftsentscheidendem Nutzen" und „wahrhaft unentbehrlich".

in Buchform, 742 S., DM 230, ISBN 3-924249-20-2
als Diskette DM 230, ISBN 3-924249-21-0
Buch und Diskette zusammen DM 380, ISBN 3-924249-22-9
Zum Buch gibt es zwei ausführliche Sonderprospekte sowie für die Diskette ein einfaches Suchprogramm und eine Installationsanleitung.

(2) Thomas Leon Heck,
Abbildungs-Index für
Velhagen & Klasings Monatshefte 1886-1953,
Tübingen 1997

In der jahrzehntelang sehr populären Zeitschrift sind etwa 20 000 Kunstwerke reproduziert, die hier registriert sind. Für Kunstwissenschaftler, -sammler und -händler unentbehrlich.

203 Seiten, DM 98, ISBN 3-924249-19-9

(3) Thomas Leon Heck,
Abbildungs-Index für Die Kunst
und das schöne Heim 1949-1970,
Tübingen 1997

Nach dem methodisch sehr erfolgreichen Ansatz, Abbildungen von Kunst nachzuweisen, liegt hier abermals eine derartige Datenbank vor.

60 S. in Fotokopie, DM 60, ISBN 3-924249-23-7

(4) Thomas Leon Heck & Joachim Liebchen,
Reutlinger Künstler Lexikon: bildende
Künstlerinnen und Künstler mit Bezug zu Stadt und
Kreis Reutlingen vom Mittelalter bis zur Gegenwart,
Reutlingen/Tübingen 1999

Format 195 x 280 mm, Gewicht 1,3 kg, fester Einband, über 120 meist farbige Abbildungen, 332 S., DM 80, ISBN 3-924249-26-1
Hierzu gibt es drei Vorzugsausgaben mit Original-Zeichnungen von Egbert Patzig (siehe dazu auch II (3)) oder MAMU für je DM 180 bzw. einem Original-Holzschnitt von Gerhard Grimm für DM 130.
Einzelprospekt vorhanden

(5) Thomas Leon Heck,
Index der Künstlernamen und Abbildungen der Kataloge der Großen (Deutschen) Kunstausstellungen im Haus der Kunst in München von 1937 bis 1999, Tübingen 1999

Das Haus der Kunst ist die vielleicht wichtigste deutsche Ausstellungsinstitution, deren Kataloge ein Who is Who der deutschen Kunst sind. Unser Register zu den fast 60 Katalogen verweist auf ca. 30 000 Namen und 16 000 Abbildungen.

250 S., DM 98, ISBN 3-924249-33-4
Auf der CD-ROM unter (7) finden Sie die Daten in verringertem Umfang.

(6) Große Kunstausstellung im Haus der Kunst München (Hrsg.),
Große Kunstausstellung München 1999,
50 Jahre Große Kunstausstellung: Junge Kunst – Malerei bis Multimedia, 9. Juli - 12. September 1999, Tübingen 1999

Dieser Jubiläumskatalog mit zahlreichen Farbabbildungen zeigt die 1999 im Haus der Kunst ausgestellten Werke ausschließlich Junger Kunst.

280 S., DM 39, ISBN 3-924249-32-6.
Die Daten finden Sie auch auf der CD-ROM unter (7).

(7) Große Kunstausstellung im Haus der Kunst München (Hrsg.),
Große Kunstausstellung München 1999,
50 Jahre Große Kunstausstellung: Junge Kunst – Malerei bis Multimedia, 9. Juli - 12. September 1999, Tübingen 1999

Diese CD-ROM enthält den unter (6) beschriebenen Jahreskatalog samt Abbildungen sowie zusätzlich die unter (5) vorgestellte Datenbank (diese allerdings ohne die Jahre 1937-1944 und 1999).

DM 39, ISBN 3-924249-31-8

II Monographien zur Kunst

(1) Hans-Dieter Mück (Hrsg.),
Alles OK – Der Maler und Schriftsteller Oskar Kokoschka 1886-1980. Zeichnungen, Druckgraphik, Bücher 1906-1976, Tübingen 1994

Dieser Katalog ist vielleicht das einzige Werk, das den Maler sowie den Schriftsteller Kokoschka als gleichrangig behandelt. Das 88-seitige Buch ist reich illustriert und kostet

DM 44, ISBN 3-924249-14-8

(2) Hans-Dieter Mück (Hrsg.),
Gustav Schleicher, Malerei aus Freude an der Farbe, Leben und Werk, Stuttgart 1887-1973, Tübingen 1995

Schleicher war ein Freund von Oskar Schlemmer, Willi Baumeister, Max Ackermann, Ida Kerkovius und gehörte mit ihnen zum Hölzel-Kreis, der den wichtigsten Beitrag Stuttgarts zur Kunst des 20. Jahrhunderts geleistet hat. Der schön gemachte Katalog wurde bezuschusst und kann daher weit unter den Herstellungskosten verkauft werden.

nur DM 28, ISBN 3-924249-15-6

(3) Helge Bathelt (Hrsg.),
Egbert Patzig (1909-1988), Maler des expressiven Realismus, Tübingen 1997

Der Nachlass des expressiven Realisten Patzig (München, Potsdam, Reutlingen) wird exklusiv von der Kunsthandlung Heck betreut. Der Künstler hat an zahlreichen Ausstellungen teilgenommen, sogar am Salon des Indépendants in Paris. Er ist in mehreren, auch öffentlichen Sammlungen vertreten. 1998 richtete ihm das Deutsche Schiffahrtsmuseum Bremerhaven eine Einzelausstellung aus. Die opulent gestaltete Monographie enthält u.a. 75 ganzseitige Abbildungen, einen Lebenslauf und ein Werkverzeichnis. Dr. Rainer Zimmermann (führender

Experte für die Verschollene Generation) lobt die „noble Ausstattung der ersten, sorgfältig erarbeiteten Monographie“ und meint: „Dieser Bildband ist mit viel Liebe und Sorgfalt gearbeitet und setzt dem Maler ein schönes Denkmal. Für DM 50 ist der Band verschenkt“.

DM 50, ISBN 3-924249-18-0

(4) Max Herfert,
Die Neue Häßlichkeit, Die Geschichte einer Ausstellungsreihe,
Tübingen 1999

Herfert, dem das Erste Deutsche Fernsehen 1998 einen zehnminütigen Beitrag widmete, ist ein Multitalent: Als Boxer hat er Titelkämpfe gewonnen, auch als Musiker war er erfolgreich, und hier stellt „Reutlingens provokantester Aktionskünstler“ seine Bildkunst und deren Wirkung vor. Das Buch wurde u.a. in der FAZ besprochen.

101 S., fester Einband, mit z.T. farbigen Abbildungen,
DM 34,80, ISBN 3-924249-30-X
Einzelprospekt vorhanden

(5) Iris-Margarethe Rall-Lorenz,
„Im Augenblick der Gefahr“
Grieshabers Umgang mit Geschichte als Schlüssel zum Werk,
Tübingen 2000

Die Autorin stellt zum ersten Mal den politisch engagierten, revolutionär denkenden Künstler HAP Grieshaber in seiner intellektuellen und künstlerischen Gesamtheit dar.

214 Seiten, fester Einband und einige Abbildungen,
DM 40, ISBN 3-924249-37-2

III Philosophie

(1) Thomas Leon Heck (Hrsg.),
Das Prinzip Egoismus,
Tübingen 1994

Auf 632 Seiten stellen über 60 Autor(inn)en das Phänomen Egoismus dar. Der Egoismus ist eines der letzten Tabus. Bekennende Egoisten sind deshalb bisher noch selten und werden meist als Zyniker diffamiert. Aber es gab immer bekennende Egoisten, vom griechischen Sophisten über Goethe bis hin zu Nietzsche. Außerhalb der Nietzsche-Rezeption wurde der Egoismus in Deutschland kaum diskutiert, obwohl der Philosoph Santayana gerade von der deutschen Philosophie sagt, sie spiele in einem Moment den Märchenprinzen, im nächsten den schäbigen Egoisten. Der Zeitgeist ist reif für dieses Thema: Denken Sie nur an das Herrenparfüm „Egoiste". Der Zusammenbruch des Kommunismus begünstigt Individualismus und Egoismus.

Nie zuvor ist eine derart umfassende Auseinandersetzung mit dem Egoismus erfolgt wie in dem Buch „Das Prinzip Egoismus". Es wird gezeigt, dass Egoismus eine dominante Rolle spielt in Philosophie, Psychologie, Religion, aber auch in Biologie, Wirtschaft und Kunst. Hier finden sich Belege dafür, dass selbst die klassischen Überwinder des Egoismus wie Liebe, Trauer, Recht, Glaube und Kunst egoistisch erklärt werden können. Eine offene Diskussion des Phänomens Egoismus dürfte ähnliche Wirkungen haben wie Freuds Arbeiten über das Unbewusste. Die zunächst erlittene Kränkung weicht den Vorteilen, die sich aus Befreiung von Verlogenheit und Zwängen ergeben.

DM 86, ISBN 3-924249-12-1
Sonderprospekt erhältlich

(2) Günter Bartsch,
Wer die Freiheit nicht lebt, den tötet sie.
Porträts einiger Denker und Täter,
Tübingen 1995

In diesem Band werden die anarchistischen Denker Pierre Proudhon, Michael Bakunin, Peter Kropotkin, Rudolf Rocker, August Winnig und Sergej Netschajew in spannender Form porträtiert.

144 Seiten, DM 32, ISBN 3-924249-16-4

IV Germanistik

(1) Reinhard Breymayer (Hrsg.),
Friedrich Hölderlin (Zuschreibung): Hymne an die Heiterkeit,
Tübingen 1985

Unsere erste Verlagsveröffentlichung fand weltweit Beachtung: von einer halbseitigen Rezension in Le Monde über eine Übersetzung ins Amerikanische bis hin zu einer Würdigung in einer japanischen Germanistik-Zeitschrift. Auch in Kindlers Literaturlexikon, der zweiten, von Walter Jens besorgten Auflage, wird das Buch aufgeführt. Die Echtheit war von Anfang an umstritten und konnte jetzt widerlegt werden. Dennoch behält die Publikation ihren Wert, da Breymayer darin drei weitere von ihm entdeckte unbekannte Hölderlin-Gedichte vorstellt und ganz nebenbei noch Schillers Quelle für seine Taucherballade nachweist. Das hübsche hellblaue Bändchen (15,5 x 11 cm) zeigt erstmalig ein farbiges Bildnis von Hölderlins Freund Sinclair.

152 Seiten, DM 15, ISBN 3-924249-00-8
Sonderprospekt vorhanden

(2) & (3) Reinhard Breymayer hat zuvor schon weitere Hölderlin-Gedichte entdeckt, so Hölderlins erstes gedrucktes Gedicht (von 1789), ferner sein „Todten-Opfer“ von 1793 sowie das „Morgenopfer an den Erlöser“. Die beiden letztgenannten Titel sind Sonderdrucke aus den Blättern für Württembergische Kirchengeschichte,

DM 15 bzw. DM 12, Auslieferung durch uns

(4) Wolfgang Urban (Hrsg.),
Reinhard Breymayer Bibliographie.
Tübingen 1991

In zahllosen Veröffentlichungen hat Breymayer sich nicht nur als Barock- und Pietismusforscher einen Namen gemacht, sondern auch als Entdecker bisher verborgener genealogischer Beziehungen, besonders innerhalb der schwäbischen Geisteswelt.

DM 20, ISBN 3-924249-05-9

V Die Aphorismen-Reihe „Sprengsätze"

Jedes Buch dieser Reihe hat 144 Seiten und ist für DM 34 erhältlich.

(1) Hans Burkhardt,
Vom Selbstmord des Selbstseins.
Hat das Abendland sich überlebt?
Bemerkungen aus psychiatrischer Sicht,
Tübingen 1996

In 999 Aphorismen setzt sich der bekannte Psychiater Dr. Hans Burkhardt mit der zentralen Botschaft des Abendlandes auseinander, dem Selbstsein, das er durch die Ideologiesüchtigkeit des Zeitgeists bedroht sieht.

ISBN 3-924249-17-2

(2) Nido,
Echo aus dem Kaleidoskop,
Tübingen 1997

Nido ist ein Genie, dessen chaotisch jonglierender Wortwitz ungemein anregend wirkt. Allein sein „Entgnote dich selbst" verdient die Unsterblichkeit.

ISBN 3-924249-24-5

(3) Rainer Zimmermann,
Irrwege der modernen Kunst,
Tübingen 2000

Der streitbare Kunsthistoriker von internationalem Rang, der sich vor allem um die gegenständlich-expressive Malerei der „verschollenen Generation" verdient gemacht hat, legt sich hier kraftvoll mit der modernen Kunst an, besonders der abstrakten.

ISBN 3-924249-34-2

(4) Thomas Leon Heck,
Wörterbuch eines Egoisten,
Tübingen 2002

Man findet in diesem Aphorismenband Meinungen aus vier Jahrtausenden über so gut wie alles, was je als egoistisch empfunden wurde: Politik und Wirtschaft sowieso, aber auch „hehre" Bereiche wie Liebe, Religion, Kunst u.v.a.

ISBN 3-924249-36-9

VI Verschiedenes

(1) Pieter Minden (Hrsg.),
Gaetano Donizetti (1797-1848), Scarsa Mercè Saranno.
Duett für Alt und Tenor mit Klavierbegleitung,
mit dem Faksimile des Autographs von 1815,
Tübingen 1999

Eine der frühesten Kompositionen des erst 17-jährigen Donizetti, die bislang unbekannt war und deren eigenhändige Handschrift über unser Antiquariat erworben werden kann. Es handelt sich um ein Liebesduett zwischen Caesar und Kleopatra.

44 S., DIN A 4, DM 34, ISBN 3-924249-25-3

(2) Thomas Leon Heck,
∗ & I,
Tübingen 2001

Sie sehen richtig, auch dieses Buch kann man im Noûs Verlag erwerben. Auf Wunsch liefern wir auch Exemplare dieses weltweit wohl ersten geruchsbehandelten Buchs, indem wir es im Keller unseres Tübinger Antiquariats dem dort herrschenden typischen Geruch aussetzen. Hierbei können Sie die Verweildauer wählen, wir empfehlen vier Wochen. Als Standort kämen in Frage: der Weinkeller, wo 800 Flaschen alten, teils verdunstenden Weins das Aroma verfeinern, die Krimiecke oder das Esoterikregal.

DM 20, ISBN 3-924249-38-5

VII Vergriffene Titel

(1) Thomas Leon Heck (Hrsg.),
Alice Haarburger. 1891 Reutlingen – 1942 KZ Riga.
Schicksal einer jüdischen Malerin,
Tübingen 1992

Alice Haarburger lebte in Reutlingen und Stuttgart. Ihr Nachlass umfasst etwa 150 Gemälde, die von der Kunsthandlung Thomas Leon Heck in Reutlingen betreut wurden. Der aus diesem Anlass geschaffene Katalog enthält zahlreiche Aspekte zu Leben und Werk der Künstlerin.
vergriffen, ISBN 3-924249-35-0
Neuauflage vorgesehen. Wir suchen hierfür noch Sponsoren.

(2) Reinhard Breymayer (Hrsg.)
Johann Valentin Andreae, Ein geistliches Gemälde,
Tübingen 1992

Die erste selbstständige Veröffentlichung des bedeutenden schwäbischen Theosophen Andreae, die so selten ist, dass sie schon seinem Sohn nicht mehr bekannt war. Jahrhundertelang war sie verschollen. Reinhard Breymayer hat sie wiederentdeckt und hier als Faksimile mit ausführlichem und hochgelehrtem Kommentar versehen.
vergriffen, ISBN 3-924249-09-1

(3) Philipp Matthäus Hahn,
Kurze Beschreibung einer kleinen beweglichen Weltmaschine,
Tübingen 1988

Dieses inzwischen vergriffene (das Württ. Landesmuseum Stuttgart und das Hahn-Museum Onstmettingen haben noch Exemplare) Buch ist das kommentierte Faksimile eines bislang verschollenen Buchs zu Hahns astronomischer Wunderuhr. Der Entdecker, Breymayer, erhielt u.a. dafür den Hahn-Preis.
vergriffen, ISBN 3-924249-03-2
Zu diesem Buch haben wir einen Sonderprospekt.

Unsere Preise sind nicht gebunden und verstehen sich inkl. der gesetzlichen MWSt. Die Umrechnung in Euro erfolgt zum amtlich vorgeschriebenen Kurs.

VIII In Planung bzw. Vorbereitung

(1) Friedrich Hölderlin: Verzeichnis der Erstdrucke

Während die Bibliographie der Werke über Hölderlin äußerst umfangreich ist, existiert kein zuverlässiges und umfassendes Verzeichnis der Erstdrucke des Dichters.

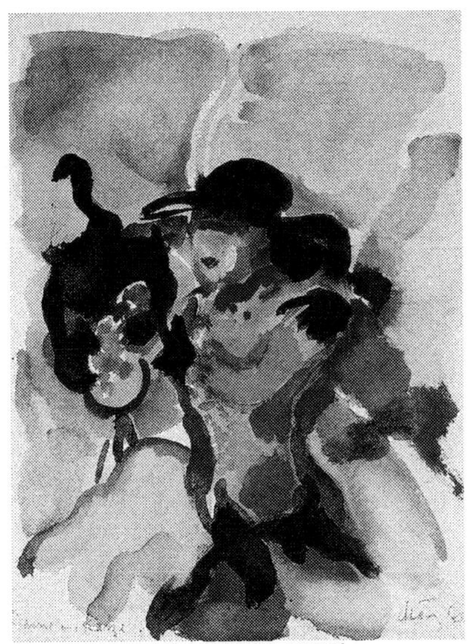
Gustav Schleicher (1887-1973), Dame mit Katze

(2) Tortourismus – Das Reisebuch zum Abgewöhnen

Hier soll alles Böse gesammelt werden, was je über das Reisen und seine Folgen geäußert wurde. Originalbeiträge sind noch erwünscht.

(3) Beiträge zur Mentalitätsforschung: Reutlingen – Tübingen im Vergleich

Das Projekt stockt zur Zeit aus Mangel an Autor(inn)en.

(4) Die Geschichte der Steuerhinterziehung

(5) Das große Buch der Professorenhasser

Warum lehrten Schopenhauer und Marx nicht an der Universität, weshalb hat Nietzsche fast nur außerhalb der Uni gewirkt, während er als Professor so gut wie bedeutungslos ist? Auch Freuds Universitätskarriere ist kein Ruhmesblatt für die Professorenschaft.

(6) Thomas Leon Heck, Das Werkverzeichnis des Malers P.W. Keller-Reutlingen (1854-1920)

Weitere Vorschläge zu neuen Buchprojekten sind erbeten. Wir suchen ständig Autor(inn)en!!

Obwohl ihm prophezeit wurde, seine Datenbank würde ein Flop werden, vertraute T.L. Heck seinen eigenen Instinkten. Was ihm bei der Arbeit als Kunsthändler so dringend nötig war, würden auch andere gerne benutzen. Die zahlreichen Kritiken – allesamt positiv lobend – bestätigen, dass seine Spürnase auch im trügerischen und schwer einschätzbaren Buchmarkt wieder mal Recht behalten hat. Dass nicht nur sein WELTKUNST-Abbildungs-Index Beachtung fand und gelobt wurde, sehen Sie in der folgenden Auswahl.

HYMNE AN DIE HEITERKEIT

29.8.1984 Ein Fernsehteam vom Süddeutschen Rundfunk Stuttgart macht Aufnahmen von Reinhard Breymayer, dem Entdecker des Hölderlin zugeschriebenen Gedichts, und von Heck vor der romantischen Kulisse des Neckars. Die Ausstrahlung am Abend in der Landesschau fällt leider wegen eines Dioxinskandals aus, wird aber in Hessen später noch gesehen. Breymayer selbst tritt live in der Landesschau auf, um seinen Fund vorzustellen.

19.1.1985 In Bad Boll beginnt eine dreitägige Tagung zur deutschen Literatur mit etwa 100 Teilnehmern. Der erste Tag ist ausschließlich der gleichzeitig vorgestellten Erstveröffentlichung des Heck'schen Noûs Verlags gewidmet.

15.3.1985 Die Pariser Tageszeitung „Le Monde“ bespricht auf einer halben Seite Hecks Verlagserstveröffentlichung.

1.7.1986 Bundeskanzler Kohl dankt Heck für diese Publikation aus dem Hause Heck. Er soll zuvor in einem Interview gesagt haben: „In Hölderlin kenne ich mich aus.“

1990 Die erste Publikation des Heck'schen Verlags wird in Kindlers Neues Literaturlexikon, Band 7, S. 928 unter Hölderlin aufgenommen.

PHILIPP MATTHÄUS HAHN

20.11.1987 Ganzseitiger Bericht im Reutlinger General-Anzeiger über die geplante Philipp Matthäus Hahn-Publikation von Breymayer

1988 Das Faksimile einer verschollenen Schrift des Uhrenpfarrers Philipp Matthäus Hahn über seine Weltuhr erscheint im Noûs Verlag und wird dessen erstes ausverkauftes Buch.

KUNSTDATENBANKEN

Herbst 1989 Beginn der zweijährigen Arbeit der Registrierung am Computer von über 72 000 Abbildungen von Kunst in der Zeitschrift WELTKUNST

März 1992 Der WELTKUNST-Abbildungs-Index von Thomas Leon Heck ist fertig, die weltgrößte derartige Datenbank auf Diskette. Zahlreiche Museen, Galerien, Auktionshäuser und Sammler kaufen das Werk. Rezensionen erscheinen in Capital, Finanz und Wirtschaft, WELTKUNST, Antiquitätenzeitung, Art, Neue Bildende Kunst, Sammlerjournal, Museumsblatt, Die Welt u.v.a. Eine Stimme lautet: „So nützlich, dass man sich fragt, wie man bisher bloß ohne ausgekommen ist" (Graf von Faber-Castell). Das Projekt, eigentlich aus Hecks Eigenbedarf entstanden, wird entgegen allen Erwartungen auch wirtschaftlich ein großer Erfolg.

Dezember 1995 In München erscheint der WELTKUNST-Antiquitäten-Führer „Porzellan von Meißen bis zur Gegenwart" von Dr. Renate Möller. Darin wird erstmals in einem Buch der Heck'sche WELTKUNST-Abbildungs-Index „empfohlen" (S. 160).

8.12.1995 In der Antiquitätenzeitung erscheint ein Inserat: „Verkaufe WELTKUNST, Jahrgänge 1975-1992, mit Register und dem Abbildungs-Index von Th.L. Heck"!

20.6.1997 Mit dem Heck'schen WELTKUNST-Abbildungs-Index erscheint erstmals ein Buch des Noûs Verlags in zweiter Auflage.

1.7.1997 Die WELTKUNST schreibt (S. 1384), Heck zähle „in Tübingen zu jenen Aktiven, die sich beständig Gedanken über neue Arbeitsgebiete machen". Er biete nicht nur Kunst an, sondern ediere „nützliche Nachschlagewerke".

29.1.1998 Buch Weger in Frankfurt/M. kauft die letzten 50 Stück des WELTKUNST-Abbildungs-Index. Die 1. Auflage (1 000 Exemplare) von Hecks größtem verlegerischen Erfolg ist somit ausverkauft.

Februar 1998 Die Zeitschrift Kunst aktuell bezeichnet Hecks Abbildungs-Index für Velhagen & Klasings Monatshefte als „eine unglaublich reichhaltige Informationsquelle für Kunsthistoriker und -sammler sowie für den Kunsthandel".

19.3.1999 Das Schwäbische Tagblatt berichtet unter der Rubrik „Kunststoff" mit dem Titel „Erfolgserlebnis III" über Hecks Erstellung einer Künstlerdatenbank im Auftrag des Hauses der Kunst in München.

8.7.1999 Staatsempfang in München: Der bayerische Ministerpräsident Dr. Edmund Stoiber eröffnet die 50. Große Kunstausstellung der Nachkriegszeit im Haus der Kunst, deren Jubiläumskatalog samt CD-ROM von Heck verlegt wurde.

8.8.1999 Nach fast sechsjähriger Arbeit wird das von Heck und Joachim Liebchen erstellte Reutlinger Künstler Lexikon im Beisein von Landrat Dr. Wais und etwa 300 Gästen der Öffentlichkeit vorgestellt. Es folgen zahlreiche Radiointerviews (in SWR 2, SWR 4, Antenne 1, RT 4) und Presseberichte (z.B. im GEA, in den Reutlinger Nachrichten; in der Südwestpresse Ulm sogar auf Seite 1).

16.12.1999 Der Reutlinger General-Anzeiger nennt das Reutlinger Künstler-Lexikon von Heck-Liebchen „nichts Geringeres als eine Standardwerk zur Kunst", „ein vorzügliches Arbeitsinstrument, ein wichtiges Nachschlagewerk und eine reiche Primärquelle" (S. 26).

3.-5.2.2000 In Pforzheim wird eine süddeutsche Fürstenbibliothek versteigert (vermutlich die der Fürsten von Fürstenberg aus Donaueschingen), darunter der Heck'sche WELTKUNST-Abbildungs-Index.

ALICE HAARBURGER

1.3.1992 Ausstellungseröffnung in der städtischen Galerie Contact in Böblingen: der malerische Nachlass von Alice Haarburger, geb. 1891, 1942 im KZ Riga ermordet. Heck hatte den Nachlass erworben und einen Katalog produziert. Innerhalb von vier Jahren avanciert die bislang weitgehend unbekannte Malerin zur „Klassikerin" (WELTKUNST).

12.3.1998 Die 1990 von Heck begonnene Vermarktung des Nachlasses der ermordeten jüdischen Malerin Alice Haarburger wird erfolgreich abgeschlossen: Der gesamte Bestand an Bildern ist ausverkauft, ebenso wie die von Heck herausgegebene Monographie. Auch wurde ihr bereits zu Unrecht mindestens ein Werk zugeschrieben und trotz Hecks Warnung als echtes Werk von A. Haarburger verkauft.

EGBERT PATZIG

Dezember 1994 Übernahme der Verwaltung des künstlerischen Nachlasses des Expressiven Realisten Egbert Patzig

6.7.1997 In der Volkshochschule Herrenberg wird die Patzig-Retrospektive eröffnet, die von einer nobel ausgestatteten Monographie des Noûs Verlags begleitet wird.

30.7. & 28.8.1997 Die Reutlinger Nachrichten und der Reutlinger General-Anzeiger besprechen ausführlich die Monographie über Patzig.

31.1.1998-19.4.1998 Ausstellung Egbert Patzig im Deutschen Schiffahrtsmuseum Bremerhaven mit Leihgaben der Kunsthandlung Heck und dem Katalog des Noûs Verlags. Verschiedene Reutlinger und Bremer(havener) Zeitungen berichten.

10.5.1998 Die Fritz Overbeck-Stiftung in Bremen-Vegesack übernimmt vom Deutschen Schiffahrtsmuseum die von Heck bestückte Egbert Patzig-Ausstellung und verkauft erfolgreich.

10.7.1998 Die Erlöse aus dem Verkauf der Werke von Egbert Patzig bei Heck überschreiten die 100 000 DM-Umsatzgrenze. Damit gehört der expressive Realist neben Angelika Kauffmann, Wilhelm Laage und P.W. Keller-Reutlingen zu den Künstlern, die im Hause Heck sechsstellige Umsätze erzielt haben.

Paul Wilhelm Keller-Reutlingen

7.2.1995 Im GEA erscheint ein Artikel über Hecks Werkverzeichnis zu Paul Wilhelm Keller-Reutlingen. Der Konkurrent Kraushaar nimmt dies zum Anlass, Hecks (weltweit übliche!) Methode der Fotoexpertise als schädlich für das „Ansehen des seriösen Kunsthändlers“ zu bezeichnen, worauf ein heftiger Streit entbrennt, der im Sommer 1995 vor das Landgericht Tübingen kommt und mit einem Vergleich endet. Kraußhaar erklärt, dass er Hecks Kompetenz und Seriosität nicht in Frage stellen wollte, Heck nimmt seine Äußerungen ebenfalls zurück. Fünf Zeitungen berichten mit voller Namensnennung über diesen Fall.

6.12.1996 Im Spendhaus Reutlingen wird die Ausstellung Paul Wilhelm Keller-Reutlingen eröffnet. Im Katalog sind zwei Beiträge von Heck. Die Medien (Reutlinger General-Anzeiger, Schwäbisches Tagblatt, WELTKUNST, FAZ) berichten, dass Heck mehrere der ausgestellten Werke, vor allem das auf dem Ausstellungsplakat abgebildete, für unecht hält.

25.9.1997 Der Reutlinger General-Anzeiger berichtet über Hecks Entdeckung, dass die beiden berühmtesten Reutlinger, der Nationalökonom Friedrich List und der Maler P.W. Keller-Reutlingen, miteinander verwandt sind.

April 2000 Nachdem Heck seit über 6 Jahren am Werkverzeichnis des Malers Keller-Reutlingen arbeitet, nimmt erstmals ein Auktionshaus von Rang, Schloß Ahlden, im Katalog Bezug auf eine von ihm erstellte Expertise, während gleichzeitg in einem anderen Auktionhaus ein unechter Keller-Reutlingen angeboten wird, ohne Heck'sches Echtheitsgutachten.

14.4.2001 Das Schwäbische Tagblatt berichtet über Hecks Entdeckung, dass der spanische Nobelpreisanwärter Javier Marías ein Gemälde von Keller-Reutlingen besitzt.

Gustav Schleicher

15.5.1996 Weltkunst, S. 1126: „Ein Zitat aus dem Schwäbischen Tagblatt sei gestattet, wirft es doch das richtige Licht auf Thomas Leon Heck in Tübingen: 'Wohl der Stadt, die solch einen skurrilgenialen Einzelgänger wie diesen Sammler und Verleger ihren Bürger nennen kann.' Dahinter steckt allerdings ein solide arbeitender Händler, der sich auf vielfältigste Weise zu äußern vermag. So hat er gerade einen Katalog über den Stuttgarter Maler Gustav Schleicher (1887-1973) zusammengestellt."

26.4.1998 Die Städtische Galerie Böblingen eröffnet eine große Ida Kerkovius Ausstellung, für die Heck Leihgaben aus dem Nachlass Gustav Schleichers zur Verfügung stellt, die auch im Katalog ausführlich gewürdigt werden.

Donizetti

5.11.1997 Das Kulturprogramm von Radio S 2 bringt zweimal ein Interview mit Heck als Besitzer eines unveröffentlichten Donizetti-Musikmanuskripts, dessen Veröffentlichung in Hecks Verlag durch Dr. Pieter Bacher-Minden kurz bevorsteht.

23.11.1997 Welturaufführung von Donizettis Duett „Scarsa mercè saranno" im Casino in Tübingen, aufgezeichnet vom Südwestfunk vor illustren Gästen. Die erste Rundfunkausstrahlung erfolgt am 28.12.1997 im Rahmen eines 20-minütigen Beitrags. Auch im Internet berichtet das City-Info-Netz des Schwäbischen Tagblatts auf drei Seiten über den Fund.

Das Prinzip Egoismus

9.7.1997 Heck gibt dem ORF in Wien ein einstündiges Interview über „Das Prinzip Egoismus".

24.3.1998 Im Katalog des Tübinger Antiquariats H.P. Willi, „500 Jahre Buchdruck in Tübingen 1498-1998“, wird unter ca. 500 repräsentativen Büchern, die im Lauf der Jahrhunderte in der Universitätsstadt hergestellt wurden, Hecks „Prinzip Egoismus“ angeboten.

Die Neue Häßlichkeit

26.6.1999 Das Stadtmagazin Prinz bespricht das im Noûs Verlag erschienene Buch von Max Herfert, Die Neue Häßlichkeit. Weitere Besprechungen erfolgen in zahlreichen Lokalzeitungen.

Sprengsätze

8.8.2000 Der Bildungskanal des Bayerischen Fernsehens, Bayern Alpha, bespricht Rainer Zimmermanns „Sprengsätze“: Irrwege der Modernen Kunst. Dies ist die zweite Fernsehrezension eines Buchs aus dem Noûs Verlag.

1.9.2000 Rezension der „Irrwege der Modernen Kunst“ in den Reutlinger Nachrichten

Das große Buch der Reisehasser

30.8.1999 In der Sendung Radiotreff von SWR 4 stellt Heck sein Projekt „Das große Buch der Reisehasser“ vor.

Der Kunde ist König

Groß ist die Zahl seiner bedeutenden Kunden, zum Teil sind sie von Weltrang. Diese Liste hat mich in Erstaunen versetzt, obwohl sie leider unvollständig ist, da zahlreiche bedeutende und bekannte Persönlichkeiten, darunter auch Händler, wohl nicht mit einer namentlichen Nennung einverstanden wären. Auch ist es, allein aus Platzgründen, unmöglich, all diejenigen zu nennen, die tagein, tagaus seine Läden besuchen. Doch ob Jedermann oder bedeutende Persönlichkeit, eines haben sie alle gemeinsam: Sie sind Kunde des Hauses Heck.

Museen

Königliche Museen Brüssel, Deutsches Museum München, Württembergisches Landesmuseum Stuttgart, Badisches Landesmuseum und Staatliche Kunsthalle Karlsruhe, Schiller Nationalmuseum Marbach, Staatsgalerie Stuttgart, Bayerische Staatsgemäldesammlungen München, Historisches Museum Basel, Gutenberg Museum Mainz, Sprengel Museum Hannover, Deutsches Uhrenmuseum Furtwangen, Deutsches Uhrenmuseum Wuppertal, Kunstmuseum Düsseldorf, Richard Wagner Gedenkstätte Bayreuth, Museum der Deutschen Porzellanindustrie, Sammlung der Stadt Böblingen, Westfälisches Landesmuseum Münster, Museum Salzburg, Kunsthalle Hamburg, Städel Frankfurt, Weserrenaissance Museum Schloß Brake, Stadtmuseum München, Stadtmuseum Tübingen, Stadtmuseum Reutlingen, Schloßmuseum Jever, Markgräfliche Badische Museen Salem, Schönbuchmuseum, Till Eulenspiegel Museum, Silcher Museum Schnait, Ph. Matthäus Hahn Museum Onstmettingen, Stadtgeschichtliche Museen Nürnberg (Albrecht Dürer Haus), Karl Marx Haus Trier, Museum in der Residenz Würzburg, Ernst Haeckel Museum Jena, Stiftung Schleswig-Holsteinisches Landesmuseum Schloß Gottorf u.a.

Bibliotheken

British Library London, Landesbibliothek Stuttgart, Bayerische Staatsbibliothek, Bibliotheca Hertziana Rom, die Universitätsbibliotheken von Tübingen, Stuttgart und Marburg, die Museen der Stadt Köln, Pfälzische Landesbibliothek, Badische Landesbibliothek, Deutsches Kunsthistorisches Institut Florenz, Innenministerium Bonn, Amerika-Gedenkbibliothek/Berliner Zentralbibliothek, Stadtbibliotheken Hannover und Reutlingen, Kunsthistorisches Institut der Universität Bonn u.a.

Archive

Hauptstaatsarchiv Stuttgart, Deutsches Literaturarchiv Marbach, Archiv der Jugendbewegung Burg Ludwigstein, Haus der Geschichte Baden-Württemberg Stuttgart, die Stadtarchive von Pforzheim, Rottweil, Karlsruhe, Reutlingen, Leonberg, Stuttgart, Bad Homburg, Balingen, Willi-Baumeister-Archiv Stuttgart u.a.

Universitäten & Akademien

die Universitäten von Tübingen, Salzburg, Göttingen, Marburg, Regensburg, Münster und Mainz, die Akademien der Wissenschaften von Göttingen, Heidelberg und Leipzig, die Akademie der bildenden Künste Nürnberg u.a.

Stadt- & Gemeindeverwaltungen

Kornwestheim, Nürtingen, Albstadt, Ergenzingen, Schweinfurth, Empfingen, Kirchentellinsfurt u.a.

Firmen

Bavaria Filmstudios, Flender Himmelwerk, Burkhardt & Weber, C.H. Beck Verlag, Ernst Klett Verlag, Henkel Konzern, Verlag Roter Stern, Rheinmetall u.v.a.

Sonstige Institutionen

Deutsche Bundesbank (Zentralbankrat), Deutsches Archäologisches Institut Rom, Stiftung Nietzsche-Haus Sils Maria, Deutsche Forschungsgemeinschaft, Heimatkreis Weilimdorf, Evangelischer Oberkirchenrat, Jacobs (Kaffee)-Museum Zürich, Handwerkskammer Reutlingen, Haftpflichtverband der deutschen Industrie; The Swedenborg Society, London, Südwestrundfunk Tübingen...

Unter dem Deckmantel des „guten" Kunden entdeckte T.L. Heck manche Enttäuschung. Nur wenig unterscheidet diesen Menschenschlag von jenen, die Sie im nächsten Kapitel kennenlernen werden. Ein wenig darf man sich wundern, wie es T.L. Heck unter solch frappierenden Umständen immer noch gelingt, seine Geschäfte erfolgreich zu führen.

Tricks der Kunden

Ein Mitarbeiter meines Antiquariats wollte am Ende seines Arbeitstages in meinem Laden, quasi nun als Kunde, Schallplatten bei mir kaufen. Instinktiv griff ich in die Hülle, da der Trick vom kleinen Buch, das in ein großes Buch eingelegt wird und so unbezahlt herausgeschmuggelt werden soll, mir öfter unterkommt. Tatsächlich war dem jungen Mann – einem Linksintellektuellen (Sartre-Kenner) – der Mitarbeiterrabatt nicht genug: Er hatte in jede Plattenhülle noch eine weitere Platte eingelegt. Anders als beim Buchtrick war eine Ausrede nicht möglich, da Plattenkäufer stets die Scheibe auf Erhaltungszustand inspizieren. Die Entlassung erfolgte augenblicklich.

Zum „schwangeren Buch" hier noch etwas Exquisites: Einmal entdeckte ich an der Kasse im Buch, das ein freundlicher Herr kaufen wollte, ein eingelegtes Büchlein, das ich für die Arbeit an meinem Egoismusbuch sehr gut gebrauchen konnte. Schon lange hatte ich einen Beleg für das Wort vom „sacro egoismo" gesucht – hier lag er, mir in ganz unheilig-egoistischer Weise zugespielt! Da der Kunde ja nicht zugeben konnte, die Broschüre betrügerischerweise eingelegt zu haben, was ich ihm auch gar nicht hätte nachweisen können, mimte er gewandt den Überraschten und „freute" sich mit mir über meinen Fund. Hätte er es korrekt bezahlen wollen, wäre es mir wohl kaum gelungen, ihn bei dem geringen Preis von 5 DM zum Verzicht auf den Kauf zu bewegen. So spielte mir Hermes, der Gott der Kaufleute und Diebe (!), zu, was in meinem Buch „Das Prinzip Egoismus" nunmehr auf Seite 582 ausgewertet wurde.

Es fällt mir auch regelmäßig auf, dass fast alle, also etwa 80-90% der Interessenten für meine gebrauchten Bilderrahmen, mir deren Rückseite zeigen, wenn sie nach dem Preis fragen. Da der eine Rahmen von hinten meist aussieht wie der andere, nämlich unattraktiv, hoffen die Fragenden so, ich würde einen entsprechend niedrigen Preis nennen, eine Rechnung, die nie aufgeht, denn meine Rahmen sind schon billig genug (etwa drei Viertel unter Neupreis).

URKUNDENFÄLSCHUNG

Ein erwähnenswertes Verhalten zeigte der Kunde Murx. Die Zitate entstammen meinem Tagebuch. (Name geändert, Tatsachen nicht!)

Fr., 24.11.1995 „Murx interessiert sich für verschiedene Gemälde."
Sa., 25.11. Meine Frau erhält einen Scheck über 12 000 DM als Pfand. „Ob was draus wird? Ich bin optimistisch."
Mo., 27.11. „Murx verdiente 250 000 DM p.a. – sieht aus wie ein Kastanienverkäufer." Der Kunde hatte mir eine Kopie seiner Einkommenssteuererklärung gezeigt, was aber keineswegs Voraussetzung ist, um mit mir Geschäfte zu machen. Er nimmt 4 Bilder zur Ansicht mit (Quittung).
Di., 28.11. Murxens kaufen 2 Gemälde. „Viel verdient ist nicht, aber Liquidität! Und gute neue Kunden – sie waren bei meiner letzten Versteigerung und fanden mein Eingeständnis beeindruckend, ich hätte von Teppichen keine Ahnung... Endlich mal wieder Achtungserfolg meiner Ehrlichkeit."
Fr., 1.12. Murx kauft Bronzeskulptur.
Mo., 4.12. Murx kauft noch eine Bronzeskulptur, einen Adler, für 8 500 DM, die er in drei Tagen zahlen will.
Do., 7.12. „Murx zögert mit dem Kauf... Mittags rief er an & wollte den Preis drücken, obwohl der Kauf für 8 500 fest zugesagt war... Er meinte, noch nicht alle Luft herausgelassen zu haben – daher pokerte er nach, was ich hasse. Er fühlt sich aber an sein Wort gebunden. Mal sehen – am Montag will er es entscheiden."
Fr., 8.12. „Murx bringt Adler gegen schriftl. Abmachung zurück und verweigert Bezahlung. Ich: 'Da bin ich aber enttäuscht' – Er: 'Enttäuschungen muss man verkraften.' Ich hätte das bei einem Direktor mit 250 000 DM Jahresgehalt nicht für möglich gehalten – habe es zum Glück schriftlich."

Auf diverse Mahnungen meinerseits folgt nun der Hammer:
Do., 21.12. „Murx bestreitet Kauf, er habe blanko die Empfangsquittung unterschrieben, die ich manipuliert hätte. Was für eine Drecksau!"

Nach Einschaltung eines Anwalts zahlte Murx schließlich doch, ja schrieb sogar an den Anwalt, wir hätten Recht. Mein Anwalt sagte, so etwas sei ihm so gut wie noch nie vorgekommen!

Zug um Zug

Ein Pforzheimer Diamanthändler schwor sich vor dem Spiegel, als er wieder einmal viel Geld an unbezahlter Ware verloren hatte, dass er nie wieder Ware ohne Bezahlung herausgeben werde, mit der plausiblen Begründung: „Wer einen Diamanten nicht sofort bezahlen kann, braucht auch keinen Diamanten."

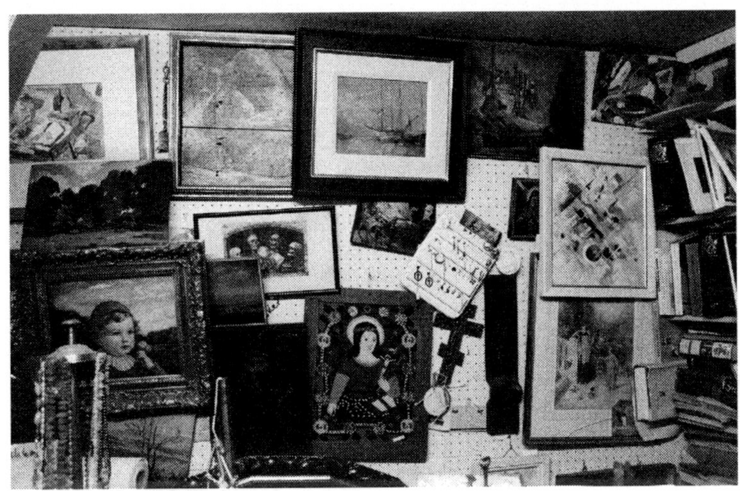

Schmuck, Kunst & Bücher

Nach verschiedenen schlechten Erfahrungen habe auch ich mich dem angeschlossen. Selbst bei „guten Kunden" kann man nämlich nicht sicher sein, dass stets bezahlt wird. So erwarb ein Computerspezialist, der als Ausgleich zu seinem hochtechnischen Beruf mittelalterliche Handschriften sammelt, bei mir ein Pergamentmanuskript des 13. Jahrhunderts zu einem fünfstelligen Preis. Es wurde Ratenzahlung vereinbart, und für jede Rate erhielt er einige der ohnehin losen Seiten. Bevor die letzte Rate bezahlt war, wollte ich nicht kleinlich erscheinen und gab ihm die letzte Lieferung bereits mit.

Daraufhin musste ich Wochen vergeblich auf die Bezahlung warten. Selbst die verschiedenen Mahnschreiben blieben ohne Erfolg. Ich schaltete einen Anwalt ein, es kam zur Gerichtsverhandlung, aber selbst seine Verurteilung zur völligen Bezahlung brachte nichts. Erst dem Gerichtsvollzieher gelang es, den Lohn des Schuldners zu pfänden und mich so schadlos zu stellen. Selbstverständlich ist der Kunde seitdem auf mich sauer und nie wieder in meinem Laden erschienen.

Doch ist des Kunden Daseinszweck nicht allein auf das Kaufen beschränkt. In den Läden von T.L. Heck kann man wühlen und finden, sich einfach wohl fühlen und manchmal auch zur allgemeinen Erheiterung beitragen. Und es ist auch eine Erleichterung, dass nicht alle Menschen nur durch Lug und Trug auffallen.

Heck oder Hölderlin

8.8.1994: Lesen zwei Amerikaner das Messingschild am Laden. Sagt der eine: „Who is Thomas Leon Heck? Is he the poet who was trapped for three years in a house?"

Irrgarten der Biologie

Kunde: „Ich suche etwas über Mose!"
Ich: „Theologie ist im Keller links."
Kunde: „Äh, das kann nicht sein: Moose."
Ich: „Ach so, Moose!"

Klee

Am 23.11.1995 rief eine Griechin an: „Kaufen Sie Klee?"
Ich schluckte trocken, da Paul Klees Werke zu den teuersten des Kunstmarkts zählen: „Ja." Sie: „Ich habe 4 Blätter Klee."
Ich betont locker: „Wieviel wollen Sie dafür?" Sie: „35 000 Mark."
Ich dachte mir, dass es dafür allerdings schon sehr ordentliche Grafiken Klees sein müssten, bis sich allmählich herausstellte, dass die Frau lediglich einen Schuhkarton voll mit vierblättrigem Klee hatte... Und dafür war mir der verlangte Preis fraglos zu hoch.

Unkonzentriert

Am 27.9.1999 ließ eine Kundin ausgerechnet ein von ihr bereits bezahltes Buch liegen mit dem Titel „Technik der Konzentration"!

Akademiker

Drei Mediziner haben bei mir eine Grafik gefunden. Ich frage, ob sie vielleicht auch noch einen Rahmen dazu bräuchten. Antwort: „Das hängt von verschiedenen Parametern ab!" Und dann war da noch der Mediziner, der am 9.2.1995 eine Grafik von 1750 mit der Radiokarbonmethode auf ihr Alter untersuchen lassen wollte.

Auserlesen – ausgelesen?

Läuft ein Balinger eisschlotzend langsam am Laden vorbei und sagt cool zu seiner Freundin: „Der hat lauter so ausg'lesens Zuigs."

Probestreichen

Eine Frau fragte, ob sie vor dem Kauf eines silbernen Messers für etwa 30 DM dessen Streichtauglichkeit durch Mitbringen eines Brötchens sowie einer Portion Butter testen dürfe. Ich dachte zunächst, ich hörte nicht recht, gestattete dann aber gern dieses Probestreichen, allein um später darüber berichten zu können. Doch leider kam die seltsame Kundin nicht wieder. Und zum Glück ist nicht bei jedem der Beratungsaufwand so groß...

Die Krönung

Kundin: „Ich suche eine Madonna."
Ich: „Grafisch oder plastisch?"
Sie: „Nee, kein Plastik!"

Der Hl. Michael

Ein Mitarbeiter von mir ordnete Munthes Capri-Roman „Das Buch von San Michele" bei Theologie ein. Das erinnert an den eifrigen Finanzbeamten, der den Ausgabenbeleg eines Philosophen für Aristoteles' „Metaphysik" nicht anerkennen wollte, da es sich ja offensichtlich um ein Physikbuch handle.

Gefährlich

Eine Dame betrachtet den Schmuck und ruft aus: „Ah, meine Tochter hat auch so eine Granate!"

Echtheitsbeweis

Eine Kundin bietet mir einen Skarabäus zum Kauf an.
Ich: „Ist der echt?"
Sie: „Ja sicher!"
Ich: „Und wie alt ist der?"
Sie: „Oh, der ist schon alt, den hab ich schon lange."

Ordnungsfanatiker

Kundin: „Gibt es hier irgendeine Ordnung?"
Heck: „Ja. Was suchen Sie denn?"
Kundin: „Ach nichts, ich will nur mal so schauen."

Bücherfreund?

Heck: „Da haben Sie ja jetzt einen Haufen Bücher erworben."
Kunde „Ja wissen Sie, ich bin nämlich pädophil."

Lug & Trug im Antiquariat

Schon früher hat er diese Geschichten in einer eigenen Broschüre veröffentlicht. Betroffen war er, als die Leute ihn nicht mit Mitleid und Bedauern überschütteten, sondern mit einem Schmunzeln sein Werk lasen. Ihnen fehlte die direkte Betroffenheit, die Geschichten lesen sich wie aus einem Krimi und sind kaum zu glauben. Doch T.L. Heck nimmt diese Sache ernst, sie trifft ihn in seinem Innersten. Vielleicht erklärt uns das seinen Elan und Erfolg bei der Bekämpfung des täglichen Verbrechens.

Einfach unverschämt

Durch eine in meinem Laden installierte Videokamera konnte ich das verdächtige Verhalten eines Besuchers erkennen. Ich forderte ihn auf, seine Tragetüte zu öffnen. Darin befand sich ein mit meiner Handschrift ausgezeichnetes Inselbändchen, das nicht gerade zu den billigsten dieser Gattung gehörte. „Ach", sagte der Kunde, „gehört das Ihnen?" – „Ja." – „Gut, dann werde ich das kaufen." – „Ja, das hoffe ich." Als er nach diesem Wortwechsel bezahlt hatte, verließ er den Laden mit der Beschimpfung: „Das war aber teuer!"

Von einer Anzeige in diesem Fall sah ich nur deshalb ab, um die anwesende Zeugin, Frau Prof. S., nicht in die Sache mithineinzuziehen. Sie hätte es mir wohl übelgenommen, wegen so einer Lappalie vor Gericht mindestens eine gute Stunde zu verlieren.

Fahndungserfolg

Zwei türkische Männer, Vater und Sohn, boten mir kurz nach Eröffnung meines Tübinger Geschäfts, Schmuck zum Kauf an. Aufgrund gewisser Indizien hatte ich den starken Eindruck, die Sachen könnten gestohlen sein, weshalb ich einem Kauf selbstverständlich nicht näher trat. Statt dessen informierte ich die Polizei, von deren anschließend bewiesener Leistungsfähigkeit ich noch heute beeindruckt bin, denn schon nach 10 Minuten wurden mir die Verdächtigen zur Identifizierung vorgeführt; sie waren auf der Tübinger Neckarbrücke festgenommen worden, nach einem gescheiterten Fluchtversuch. Die anschließende Haussuchung bei ihnen brachte in der Tat noch weiteres Diebesgut zum Vorschein.

Leider erwiesen sich in den darauffolgenden Jahren nicht alle polizeilichen Maßnahmen als so effektiv. Manchmal beschleicht mich daher der Gedanke, die Polizei sei in meiner ersten Aktion nur deswegen so erfolgreich gewesen, weil es gegen Ausländer ging.

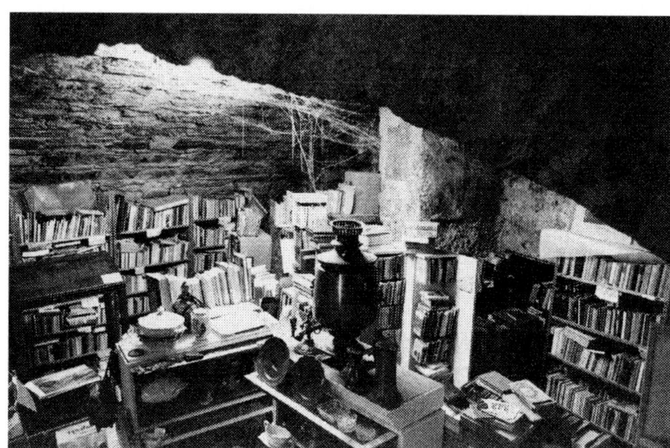

„Überall, wo die Vergangenheit verehrt wird, soll man die Säuberlichen und Säubernden nicht einlassen. Der Pietät wird ohne ein wenig Staub, Unrat und Unflat nicht wohl." (F. Nietzsche, MA II, 178)

Vom Nutzen der Unreinlichkeit

Ein junger Mann, bereits Kunde, betrachtete zunächst eines meiner Ladenschaufenster von außen, trat dann freundlichst grüßend ein und hielt sich auffällig lange im inneren Schaufensterbereich auf. Durch einen meiner Spiegel meinte ich zu erkennen, wie er etwas in seinen Ärmel schob. Da es mir damals aber noch sehr schwer fiel, einen Verdacht einem Kunden gegenüber auch auszusprechen, sagte ich zunächst nichts, da ich mir nicht absolut sicher war. Als der Verdächtige mein Geschäft verlassen hatte, entdeckte ich, dass ein silberner Nussknacker entwendet worden war, denn die Stelle, an der dieser gelegen hatte, war die einzige staubfreie im Schaufenster.

Da mir der Täter nur vom Sehen bekannt war, hielt ich während der nächsten Jahre fast ständig Ausschau nach ihm, denn ich war mir sicher, ihm eines Tages irgendwo wieder zu begegnen. Und tatsächlich kam er nach zweieinhalb Jahren wieder in meinen Laden, ein halbes Jahr vor der Verjährung der Straftat. Ich griff zum Telefon, er floh. Zum ersten und einzigen Mal half mir eine Kundin (selbstständig!): Spontan ging sie dem Mann nach und notierte seine Autonummer. Die Einschaltung der Polizei führte zu einer erfolgreichen Hausdurchsuchung. So hatte ich abermals eine harte Nuss, die mit dem Nussknacker, geknackt.

Nach weiteren zwei Jahren kam der Dieb wieder zu mir und hielt mir ungebeten die Hand zur Versöhnung hin, von Bedauern war aber wenig zu erkennen. Um ihm die Wirkung solcher Diebstähle vor Augen zu führen, gab ich ihm meine Broschüre „Lug & Trug im Antiquariat" mit. Er sollte erkennen, wie sich mein Leben als Bestohlener tiefgreifend geändert hatte. Als er nach Monaten wiederkam, zeigte sich, dass auch dies keine Wirkung auf ihn gemacht hatte. Er sagte jetzt nur, dass er nicht in die Defensive kommen wolle.

Ersitzung

Als ich dem Stadtarchivar von Reutlingen ein Dokument um 1840 telefonisch anbot, schaute er kurz nach und fragte dann: „Steht auf dem Brief oben links die Nr. 19?" Als ich bejahte, erklärte er mir, dass das Stück irgendwann aus seinem Archiv gestohlen worden sei, der genaue Zeitpunkt sei jedoch unbekannt. Da die Tat theoretisch vor über 100 Jahren geschehen sein konnte und zwischenzeitlich verschiedene Besitzer gutgläubiges Eigentum an dem Brief erworben haben könnten, beanspruchte der Archivar nicht die Herausgabe. Zu einem Kaufvertrag kam es aber auch nicht, so dass sich das gestohlene Dokument noch heute – bis zum Beweis des Gegenteils rechtmäßig – in meinem Besitz befindet.

Freundschaftliches Verhältnis

Eine große Enttäuschung für mich war auch der Sammler G., der mich und meine damalige Freundin sogar zum Essen zu sich nach Hause einlud. Monate später aber wurde er von mir beim Stehlen erwischt. Selbst das scheinbar gute zwischenmenschliche Verhältnis hielt ihn nicht von dieser Niedertracht ab. Vielleicht hatte er sich auch nur darüber geärgert, dass ich fast 20 Zwetschgenknödel bei ihm verdrückt hatte. Er wurde jedenfalls zum ersten Kunden, dem ich das Haus verbot.

Vom diebischen Mann der Pfarrvikarin

Eine ganz besondere Geschichte ist auch die des Herrn K. Er besuchte meinen Laden regelmäßig, war immer sehr freundlich, gelegentlich kaufte er auch etwas. Einmal erzählte er mir, dass sein Großvater der Arzt von Marc Chagall gewesen sei, was ich ohne weiteres glaubte, denn mindestens einen Arzt musste Chagall ja gehabt haben, und wieso nicht den Großvater des K. Daher sei er im Besitz eines Aquarells von Chagall. Ferner sei seine Frau die Tochter des Chefs eines Weltkonzerns. Auch daran zweifelte ich nicht.

Verschiedenes fiel mir jedoch auf: Erstens wohnte er nicht gerade nobel, zweitens ließ er seine seltenen Einkäufe bei mir schon bei geringsten Preisen überall prüfen (bitte, wem es Spaß macht) und dritttens hatte er schon tagsüber gelegentlich eine Alkoholfahne, alles Beobachtungen, denen ich zunächst keinerlei weitere Bedeutung zumaß. Er interessierte sich besonders für alte Handschriften. Als ich eines Tages eine Bibelhandschrift des 13. Jahrhunderts im Wert von 600 DM vermisste, fiel mein Verdacht sofort auf ihn. Da ich nicht wusste, welche der möglichen Taktiken ich in diesem Fall anwenden sollte, rief ich den Pfarrer an, der mich konfirmiert hatte und bei dem K.'s Ehefrau Vikarin war. (Auch hier zeigt sich wieder, wie klein die Welt ist.) Entgegen meiner Natur folgte ich dem Rat des geschätzten Mannes und schaltete diesmal die Polizei nicht ein, sondern stellte den K. direkt vor seiner Wohnung zur Rede, mit vollem Erfolg, denn sofort legte er beschwörend die Zeigefinger auf die Lippen, seine Frau solle ja nichts von seinem Fehltritt erfahren. Anstandslos oder besser mit einem Rest von Anstand händigte er mir das gestohlene Blatt aus, wobei er nach meinem Eindruck die Tat ehrlich bereute. Dies und sein krankhafter Geltungsdrang ließen mich ausnahmsweise von einem Strafantrag absehen.

Der kurioseste Diebstahl

Einmal saß ich gerade im Hinterzimmer meines Reutlinger Ladens. An der Hintertür war eine unechte, aber blinkende Alarmanlage von außen deutlich sichtbar installiert. Diese billige Attrappe für etwa 25 DM sollte Einbrecher abschrecken helfen. Wie ich also da saß und las, raschelte es plötzlich an der Tür. Ich traute mich erst später, die Tür zu öffnen, und siehe, da hatte doch glatt jemand meine „Alarmanlage“ gestohlen! Und das in meiner Gegenwart... Möge sie ihm wieder geklaut werden!

Knasttränen

Ein junger Mann ließ Bücher durch mich schätzen. Nach Wochen bot er mir einen Teil davon zum Kauf an. Auf die Frage, woher die Bücher stammten, antwortete er, dass seine Großmutter beim Freiherrn von G. im Nachbarkreis Haushälterin sei und dieser sie ihr geschenkt habe, was mir zunächst glaubhaft erschien.

Gut zwei Wochen später brachte derselbe Mann einen ganzen Koffer ähnlicher Bücher mit. Diesmal schöpfte ich Verdacht, in erster Linie wegen seines Begleiters, der nicht zuletzt durch tätowierte „Knasttränen" nicht gerade vertrauenserweckend aussah. Mein Angebot fiel bewusst so niedrig aus, dass die beiden Männer beleidigt „ihre" Bücher wieder mitnahmen. Dies gab mir die Gelegenheit, beim Freiherrn selbst die Richtigkeit der Geschichte zu überprüfen. Er wusste von nichts. Die am selben Tag erfolgte Haussuchung förderte die angebotene Ware fast vollständig zutage. Bei den beiden Männern handelte es sich um wegen Rauschgiftbeschaffungskriminalität Vorbestrafte, die nun plötzlich angaben, die Bücher auf dem Sperrmüll gefunden zu haben.

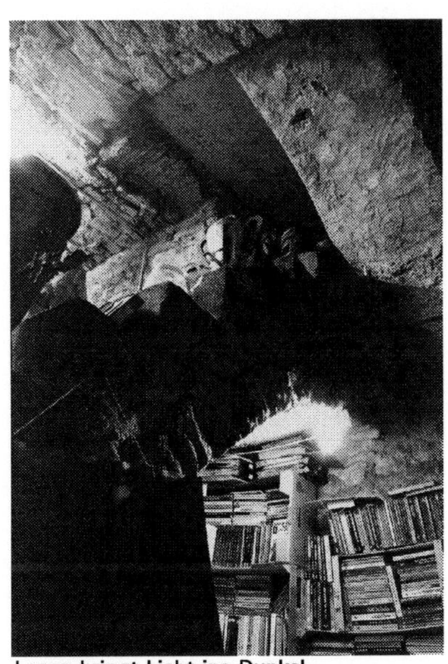

Lesen bringt Licht ins Dunkel.

Der Freiherr erstattete mir wenigstens die Summe, die ich beim ersten Ankauf ausgegeben hatte, was er rechtlich nicht hätte tun müssen. Bei der Gerichtsverhandlung war ich Zeuge, da die Täter strikt leugneten. Jedesmal, wenn ich an dem Gerichtsgebäude vorbeifahre, denke ich an die Arroganz des Richters, der nicht etwa zu erkennen gab, dass ohne mich die Tat nie aufgedeckt worden wäre, sondern mich völlig überflüssigerweise fragte, wie ich reagiert hätte, wenn die Täter mein bewusst niedriges Angebot akzeptiert hätten. Ich kann diese Gewissensprüfung nur so verstehen, dass der Richter annahm, dies hätte mich schwach werden lassen, und wahrscheinlich wollte er vor dem Freiherrn, der ebenfalls Richter an demselben Gericht gewesen war, den Menschenkenner mimen, und das auf Kosten meiner Autonomie – abermals eine Frechheit von offizieller Seite.

Urkundenfälschung

Am 30.4.1994 bot mir ein Grafiker etwa 180 Karat Rubine und Smaragde zum Kauf an. Da ich solche Objekte nur nach vorhergehendem Gutachten kaufe, schickte ich die ungefassten Steine nach Idar-Oberstein und erwarb sie dann mit einem vorher festgelegten prozentualen Abschlag.

Wochen später stand die Polizei bei mir im Laden: Man hatte bei einer Durchsuchung im Haus des Grafikers meine Quittung gefunden und wollte nun von mir wissen, was ich mit dem Fall des Mannes zu tun hätte, der wegen Urkundenfälschung und anderem strafrechtlich verfolgt wurde. Da bekam ich gefälschte Gutachten zu den von mir erworbenen Steinen zu sehen, wo deren Wert mit etwa 120 000 DM angegeben war. Tatsächlich verkaufte ich die Steine später für einen dreistelligen Betrag, also unter 1 000 DM! Die Steine waren also zwar echt, doch die Gutachten gefälscht und dienten allein dem Zweck, bei Banken mit faulen Sicherheiten Kredite zu erschleichen. Im Verwertungsfall hätte die Bank nur einen verschwindend geringen Teil ihres Kredits erhalten.

Quot servi, tot hostes
(So viele Diener, so viele Feinde)

Als mir einmal mehrere Gemälde und Graphiken zum Kauf angeboten wurden, befand sich auf einem der Kunstwerke eine Widmung des Künstlers an eine bekannte Reutlinger Familie, zu der auch mein bester Kunde gehört. Ich fragte ihn bei unserem nächsten Telefonat beiläufig, ob die Sachen aus dem Nachlass seiner Tante stammten. Er sagte, dass dies unmöglich sei, denn aus dem Nachlass werde zur Zeit überhaupt noch nichts verkauft.

Der Zufall wollte es, dass ich kurz darauf bestellt wurde, um den Nachlass eben dieser Tante zu schätzen. In der Wohnung der Verstorbenen fiel mir auf, dass die dort hängenden Gemälde von denselben Künstlern stammten wie die, die mir jüngst zum Kauf angeboten worden waren. Ich bestand nun darauf, dass die Erben die Sachen in meinem Laden besichtigten. Dort erfuhr ich dann doch, was ich irgendwie geahnt haben muss: „Dieses Bild hat mein Onkel gemalt, dieses hing über dem Sofa…“ etc. Mein Instinkt war also auf der richtigen Spur gewesen. Denn nun stellte sich heraus, dass die eigene Haushälterin der Verstorbenen zusammen mit ihrer Tochter und ihrem Schwiegersohn, pikanterweise ein promovierter Zahnarzt, den Haushalt, in dem sie seit 15 Jahren beschäftigt war, systematisch geplündert hatte. Ihr Pech war nur, dass einer der Verwandten fast wöchentlich meinen Laden besucht und die Sache so früher oder später herauskommen musste.

Auf Wunsch der Familie, die einen Skandal auf jeden Fall vermeiden wollte, verzichtete ich auch hier auf eine Anzeige, obwohl der Versuch, mir gestohlene Ware anzubieten, als Betrug zu werten ist und daher auch ich das Recht auf Strafverfolgung der Täter gehabt hätte.

Die bestohlene Familie selbst reagierte ganz anders: Als ich wieder einmal dort vorbeikam, saßen Täter und Opfer beim Mittagessen so zusammen, als wäre nie etwas geschehen.

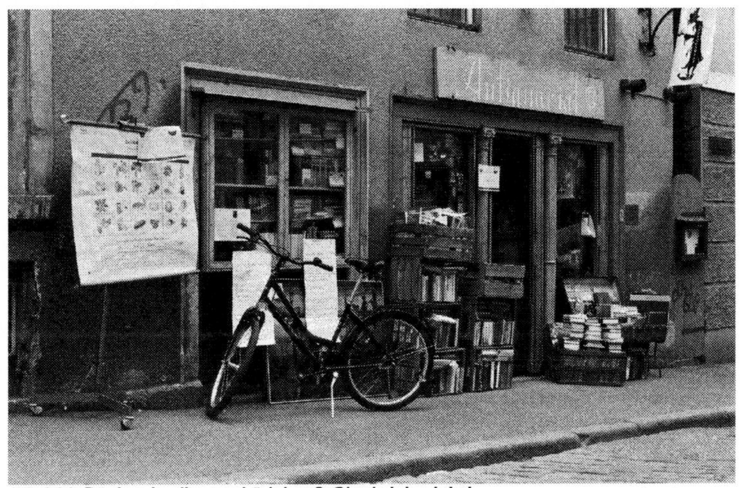

50 000 Bücher in diesem Lädchen? Glaub ich nicht!

Aus gutem Hause

Nachdem ich schon geglaubt hatte, den Gipfel des Unwahrscheinlichen berührt zu haben, sollte ich Anfang Januar 1994 eine weitere „ultimative" Erfahrung machen, die Kafka nicht besser hätte erfinden können. Schon drei Jahre zuvor hatte mir der Sohn eines hochgeehrten Tübingers, der sogar ein Bekannter des Bundespräsidenten ist, ein Buch im Wert von 1 000 DM verkauft. Als ich seiner Mutter, mit der ich in anderem Zusammenhang ins Gespräch kam, davon berichtete, merkte ich an ihrer Reaktion, dass der junge Mann das Buch seinen Eltern entwendet hatte. Die Mutter gab dies allerdings zunächst nicht zu. Erst einmal kaufte sie das Buch für teures Geld zurück, wohl um nicht ins Gerede zu kommen. Einige Jahre später wurde mir dasselbe Buch, das ich an meinen Eintragungen von damals zweifelsfrei erkannte, wieder in den Laden gebracht. Ich fragte den Anbieter, wiederum ein junger Mann, ob er es mir vor Jahren schon einmal gezeigt habe. Er verneinte. Ich fragte nach seinem Namen, und es stellte sich heraus, dass er der Bruder des damaligen Verkäufers war. Auf die Frage, wie er zu diesem Buch komme, erzählte er so ziemlich dieselbe Geschichte wie einst sein Bruder. Auch er wollte das Buch geerbt haben. In seiner Gegenwart rief ich seine Mutter an (die nach seiner Aussage „gar nicht daheim" war): Sie konnte diese Variante keinesfalls bestätigen. Daraufhin legte der junge Mann ein Geständnis ab: Ohne von der Tat seines Bruders zu wissen, hatte auch er seine Eltern bestohlen und dabei dasselbe Buch entwendet, das den Eltern somit zum zweitenmal von ihren eigenen Kindern gestohlen wurde!

Auf die Frage, ob er das nötig habe, sagte der propere junge Mann, dass er momentan Geldmangel habe. Er gab an, monatlich „nur" 400 DM Taschengeld zu bekommen und noch bei seinen Eltern zu wohnen. Bemerkenswert ist noch die Tatsache, dass der Yuppie Jura studiert. Insofern ist damit zu rechnen, dass er mir eines Tages die Verbreitung dieser Geschichte in der hier vorliegenden Form untersagen wollen wird. Aber ich könnte dann den ehemaligen Bundespräsident Roman Herzog als Zeugen aufrufen, der mir zwischenzeitlich auf meine Frage mitteilen ließ, dass er die Identität seines Bekannten aus meiner Darstellung nicht erschließen könne. Ich kann nun aber leider nicht so weit gehen, an dieser Stelle mitzuteilen, über welchen Beweis ich verfüge, dass Herzog den Vater der Bengels kennt.

Das einzig Positive, das ich der Sache abringen kann, ist der Umstand, dass ich in Tübingen offensichtlich den Ruf habe, wertvolle Bücher anzubieten und somit auch als attraktive Anlaufstelle für Verkäufe hochwertiger Dinge gelte.

Nicht abhandengekommen

Nicht viel zu machen für die Geschädigten ist in den Fällen, in denen sie jemandem Wertsachen übergeben haben, die dieser dann unberechtigterweise verkauft. Die Sachen sind dann nämlich nicht „abhandengekommen".

So hat zum Beispiel ein benachbarter Galerist eine Graphik an einen Rechts(!)referendar verkauft, die dieser unbezahlt ausgehändigt bekam. Stunden später schon hatte ich das Blatt im Glauben daran erworben, dass der Referendar der Eigentümer sei. Als ich ausgerechnet den geschädigten Galeristen um seine Meinung über den Künstler fragte, erkannte der erschreckt, worauf er sich eingelassen hatte. Juristisch hätte er überhaupt nichts machen können, denn der gutgläubige Erwerber von Gegenständen, die nicht abhanden gekommen sind, wird vom Gesetz geschützt, anders als die Geschädigten, die ohne gründliche Prüfung ihrer Partner diesen Leuten Wertsachen anvertrauen. So viel Eigenverantwortung wird dem Einzelnen also doch noch zugemutet, die er nicht auf den Käufer abwälzen kann.

Kulanterweise verzichtete ich in diesem Fall im Sinne einer guten Nachbarschaft auf mein Recht und händigte das Blatt gegen Erstattung der Kaufsumme aus.

Freundschaftdienst

Ähnlich verhielt es sich mit einem Mann, der im Auftrag seines Kompagnons eine Graphik bei mir lediglich schätzen lassen sollte, diese mir aber kurzerhand verkaufte.

Auch hier wäre es dem Geschädigten sehr schwer gefallen zu beweisen, dass die Graphik abhandengekommen war. Vielmehr hätte er sicherheitshalber die Sachen gar nicht aus der Hand geben dürfen, nicht einmal einer so nahestehenden Person. Aber auch in diesem Fall einigten wir uns außergerichtlich auf eine Rückabwicklung, indem ich die Ware vom Eigentümer nochmal, diesmal unanfechtbar, erwarb.

Organisierte Kriminalität

Mit dieser Art von Verbrechen hatte ich nachweislich zum Glück bislang nur selten zu tun.

Einmal bot mir eine Stuttgarter Sicherheitsfirma an, meinen Laden zu bewachen und eine Alarmanlage kostenlos einzubauen, um mein Geschäft sozusagen als Modell vorführen zu können. Mit der Hilfe eines Vertrauten bei der Polizei recherchierte ich über dieses dubiose Angebot und fand heraus, dass auffallend viele Geschäftspartner dieser Firma anschließend Opfer von Einbrüchen wurden, wobei selbst sehr gute Alarmanlagen häufig außer Funktion gesetzt wurden. Zu diesem Zeitpunkt standen aber die freundlichen Männer von der Sicherheitsfirma bereits unter verdeckter Observation durch das Landeskriminalamt.

Filmreif ist der folgende Fall: Der Sohn meines früheren Vermieters S. brachte mir eine angeblich kolumbianische Ausgrabung zwecks

Echtheitsbestimmung, die ich mit Hilfe der unfehlbaren Thermolumineszensmethode auch beschaffte. Das Ergebnis war allerdings negativ, denn das angeblich antike Stück war völlig neu. Der Fall war damit für mich und auch den S. erledigt.

Jahre später stand die Polizei bei mir im Laden mit der von mir ausgestellten Quittung an S., dass ich jene Ausgrabung von S. zur Prüfung erhalten hatte. Man ließ mich wissen, dass man dieses Dokument von mir im Wege einer Haussuchung sichergestellt hatte, aber nicht bei dem S., sondern bei dessen Zulieferer, dem Mann, der S. die Fälschung hatte andrehen wollen.

Dieser gehörte der organisierten Kriminalität an (oder arbeitete ihr zu), die nach folgendem Muster vorging: Man sprach Leute an, wie hier den S., in einem Café oder so, ob sie durch eine kleine Dienstleistung gutes Geld verdienen wollten. Sie sollten, so berichtete mir S., ihre deutsche Adresse angeben, an die man aus Kolumbien die Terrakotten schicken würde. Anschließend würden verschiedene Sammler die einzelnen Objekte dann gegen Barzahlung sofort mitnehmen. Risiko null, da der Empfang der Ware für S. kostenlos sei und die Abnehmer bar zahlen würden. S. fand dieses Angebot sehr interessant, schaltete aber mich dazwischen, da er annahm, man könnte ihn mit der Echtheit über's Ohr hauen. Dem war auch so, so dass er schleunigst die Finger davon ließ.

Wie es aber weitergegangen wäre, wenn das Probestück echt gewesen wäre? Die Kolumbianer hätten Dutzende Stücke geschickt, die angeblichen Sammler hätten sie dann abgeholt – präpariert und vollgestopft mit wertvollem Kokain! Die Abnehmer hätten dabei schön anonym bleiben können, aber S. oder andere Opfer der Masche hätten sicher erhebliche Schwierigkeiten mit der Justiz bekommen können, wenn die Sache aufgeflogen wäre.

Weshalb sich aber eine vermutlich schwerreiche Kriminellenbande keine echte Ausgrabung als Lockvogel leistete, wo man doch authentisches Material auf Flohmärkten in Südamerika recht billig bekommen soll, bleibt mir rätselhaft. Den S. jedenfalls hat dieser Geiz (oder Fehler) vor einer großen Dummheit gerettet.

Die Widersacher

Aus „Lug & Trug im Antiquariat" kennen wir die tägliche Betrügerei, denen T.L. Heck in seinen Läden ausgesetzt ist. Um zu verstehen, dass er das Leben selbst für spannender als jeden Krimi hält, müssen wir uns an die nun folgenden Geschichten heranwagen. Was jetzt kommt, überschreitet die Grenze des Alltäglichen, wir sehen das wahre Antlitz seiner Widersacher.

Der missratene Pädagoge

Schon im Jahr nach Eröffnung meines ersten Ladens, also 1985, ereignete sich mein bislang spektakulärster Fall. Ein ortsansässiger Gymnasiallehrer war in allen Tübinger Antiquariaten bestens bekannt. Das erste Problem, das ich mit ihm hatte, ergab sich auf meiner Kunst- und Antiquitätenversteigerung vom 14. Mai 1983:

Er hatte nur eine von zwei Graphiken ersteigert, beim Bezahlen war ihm aber versehentlich das Gegenstück auch ausgehändigt worden. Dies kam heraus, weil das Pendant auch verkauft worden war und der Käufer es deshalb auch in Empfang nehmen wollte. Die Suche nach seiner Graphik blieb aber erfolglos. Die Rekonstruktion des Vorganges ergab als einzige Möglichkeit, dass der Lehrer durch einen Irrtum meines Mitarbeiters in den Besitz der vermissten Graphik gelangt war. Zu zweit suchten wir ihn in seinem Haus auf. Auf unsere Vorhaltungen hin schlug er uns die Tür vor der Nase zu. Am nächsten Tag, so erfuhr ich vom Rechtsanwalt B., beschwerte sich der Lehrer beim Antiquar Frick, mit welch unseriösen Methoden ich versuchte, zu Geld zu kommen – eine nicht gerade das geschäftliche Ansehen fördernde Aussage...

Als in meinem Laden wieder einmal ein teures Buch fehlte und ich mir überlegte, wer verdächtig sein konnte, kam mir in den Sinn, dass der Verfasser des gestohlenen Buches, nennen wir ihn Schiller, jedenfalls ein deutscher Klassiker, derselbe war, der auch der Straße seinen Namen gegeben hatte, in der der Lehrer wohnte – nennen wir sie folglich Schillerstraße (deutlicher darf ich hier nicht werden, der Arme hätte ja womöglich den Volkszorn zu fürchten). Die Annahme eines Zusammenhangs zwischen dem Buch von Schiller und der Schillerstraße war jedoch ganz irrational. Dennoch bildete sich so bei mir ein Anfangsverdacht, der durch folgende Begebenheit zur Gewissheit wurde. Bei einem Besuch in einem anderen Antiquariat nahm ich ein Buch von Theodor Häring mit dem Titel „Das Christliche Leben" in die Hand. Dabei fiel mir der Besitzereintrag eines Pfarrers auf, den ich ausgerechnet als „Sauberschwanz" las. (Tatsächlich hieß der fromme Mann Sauberschwarz, wie ich feststellen konnte, als ich das Buch nach meinem famosen Blattschuss als Trophäe erwarb, da ich den Skalp oder das Geweih des Lehrers nicht erlangen konnte.)

Am nächsten Tag brachte der bildungsbesessene Pädagoge (übrigens ein kluger Kopf, Linksintellektueller, schreibt auch hin und wieder mal über Klassenkampf und so) eben dieses Exemplar in meinen Laden und bot es mir zum Kauf an. Ich stellte – noch immer ahnungslos – die Frage, ob dies das Buch sei, das ich gestern noch bei der Konkurrenz gesehen hatte. Er leugnete, wobei er errötete.

Erst Monate später, als abermals ein Buch nach einem Besuch des Lehrers fehlte, wurde mir im Zuge angestrengtester Überlegungen eines klar: Er musste ein Dieb sein. Ich zeigte ihn also bei der Polizei an und gab die Titel von sechs Büchern an, die ich vermisste. Es dauerte Wochen, bis der Staatsanwalt eine Haussuchung genehmigte. Es war dabei abzuwägen, ob das Grundrecht auf Unverletzlichkeit der Wohnung wegen der Aussage eines einzigen Zeugen außer Kraft gesetzt werden konnte. Maßgebend für meine Glaubwürdigkeit dürfte wohl gewesen sein, dass ich den Kollegen, von dem das Häring-Buch stammte, gefragt hatte, ob der Verdächtigte es bei ihm gekauft haben könnte. Der Händler verneinte dies entschieden, denn der Lehrer habe bei ihm noch nie etwas gekauft.

Kommissar Häussler sowie ein weiterer Polizist und ich starteten dann bei Nacht und Nebel die Haussuchung. Im Wohnzimmer des Lehrers sah ich in einer sehr wertvollen Bibliothek schon aus der Ferne einzelne meiner Bücher stehen. Der Kommissar ging mit dem Lehrer in ein Nebenzimmer. Wie er es geschafft hat, den Täter zu einem Geständnis zu bewegen, bewundere ich noch heute als Meisterleistung polizeilicher Taktik, denn völlig überrumpelt gestand dieser nicht nur mehr Diebstähle in meinem Geschäft, als ich angezeigt hatte (so erhielt ich statt der sechs vermissten Titel fünfzehn zurück!), auch wurden Bücher und Graphik für ungefähr 25 000 DM sichergestellt. Wie dreist der Mann war, zeigte sich, als er wieder eintrat und mich sofort aufforderte, meine Anzeige zurückzuziehen. Ich sagte knallhart: „Sie haben hier gar nichts zu fordern. Jetzt will ich erst mal meine Bücher zurück!“ Ich meinerseits war dann so taktlos, dem Überführten ausgerechnet in dieser Situation mein Kaufinteresse an seiner gesamten Bibliothek zu signalisieren – hätte ja sein können, dass er demnächst Geld braucht...

Übrigens vergaß ich bei dieser Gelegenheit nicht, nach der bei der oben erwähnten Auktion verschwundenen Graphik zu fragen. Er präsentierte sie mir – trotz allem noch immer hartnäckig lügend – mit der Behauptung, dass dies das von ihm rechtmäßig erworbene Blatt sei. Zu seinem Pech stand aber noch immer die Bieternummer des anderen Käufers darauf, weshalb eine Verwechslung ausgeschlossen war. So hatte sich nach Jahren mein Verdacht doch noch bestätigt... Und hier eine allerletzte Dreistigkeit: Als wir bereits die Wohnung verlassen wollten, entdeckte ich an der Wand ein Porträt Hölderlins, das mir der Lehrer ebenfalls gestohlen hatte. Als ich sagte, dass dies meins sei, bekam ich prompt zur Antwort: „Aber der Rahmen gehört mir!“ Mein Lustgewinn bei der Haussuchung war jedenfalls erheblich – so etwas ist wirklich spannender als jeder Krimi, und vor allem realistischer.

Wenige Tage später stand zum Ärger des ermittelnden Staatsanwalts in der BILD-Zeitung die Schlagzeile „Herr Oberstudienrat klaute ganze Bibliothek“. Denn natürlich hatte ich in jener Nacht nicht einschlafen können. Ich reagierte mich also ab, indem ich ganz anonym(!) bei BILD anrief und zunächst nur einfach einmal wissen wollte, ob eine solche Story überhaupt journalistisch interessant sei. Als ich tags darauf nochmals anrief, bekam ich zu hören, wenn ich die Fakten nicht auf den Tisch legte, käme eine Horde von Journalisten nach Tübingen, und die Namen der Beteiligten werde man so sehr rasch herausfinden. Ich hatte unter diesen Umständen kaum mehr eine Wahl und plauderte daher in einer unentschlüsselbaren Motivmischung alles aus; als Zeuge war ich ja (im Gegensatz zur Polizei) nicht zur Verschwiegenheit verpflichtet. Nach dem BILD-Bericht erschien auch ein Kommentar zu dem ganzen Vorgang im Schwäbischen Tagblatt, wo ich die Story nicht angeboten hatte. Und zuletzt brachte die Enkelin von Theodor Häring in einem Leserbrief die Sache auf den Punkt: Es komme „alles auf den kleinen Unterschied [...] zwischen Sein und Haben“ an, „zwischen dem Belesen-SEIN und: geklaute Lessings-HABEN!“ Wenn die Leserbriefschreiberin jedoch an gleicher Stelle von einem „Antiquar-Krimi-Schwank“ spricht, so drückt sie damit aus, wie derartige Geschichten meist empfunden werden, nämlich als Mischung zwischen Moritat und Komödienstadel. Sie verkennt aber, dass für die Geschädigten einer

Straftat oder eines Verbrechens der seelische Schaden schwerwiegender als der materielle oder rein körperliche sein kann. (So habe ich damals noch im Zusammenhang mit dieser Affäre dem Tagblatt gesagt: „Die Bücher sind nach den Menschen meine größte Leidenschaft." Aufgrund der Vorfälle, die ich aber zwischenzeitlich mit Menschen der verschiedensten Altersgruppen und sozialen Schichten quer durchs Strafgesetzbuch erlebt habe, sehe ich nach nur wenigen Jahren dies alles in einem anderen Licht.)

Da der „vorbildliche" Pädagoge in vollem Umfang geständig war, wurde ich nicht als Zeuge zur Verhandlung geladen und versäumte dadurch, was ich noch heute bedaure, den Prozesstermin. Ich war vor allem gespannt, ob der Täter auf geisteskrank („Kleptomanie") machen würde, um mildernde Umstände zu erhalten. Dadurch hätte er aber natürlich seine Stellung riskiert. Ich erfuhr dies aber nie, sondern nur das Urteil: 7 000 DM Geldstrafe und 6 Monate Haft auf Bewährung. Infolge dieser Strafe wurde der Lehrer aus dem Schuldienst entlassen, obwohl bei Beamten in der Regel erst eine Mindeststrafe von 12 Monaten zur Entlassung führt. Hier war der Fall aber so schwerwiegend, dass die Schulbehörden die angemessene Konsequenz zogen. Inzwischen ist der Geschasste – Journalist, womit natürlich nichts gegen einen ganzen Berufsstand gesagt werden soll...

Manch einer in Tübingen hat mehr mir als dem Täter diese Geschichte übelgenommen. So weigerte sich der Lehrer A., ein von mir an ihn geliefertes Buch zu bezahlen, mit der Begründung, dass ich im Fall seines Kollegen zu weit gegangen sei. Der Baum der Aufklärung hat ja – besonders an seinem Tübinger Ast – manch kurioses Früchtchen hervorgebracht, aber eine derartige Aufrechnung von Geldschuld gegen angeblich mangelnde Zurückhaltung setzt gewiss ein ganz speziell entwickeltes Rechts- und Selbstverständnis voraus... Zudem hätte ich meine Anzeige gar nicht mehr zurückziehen können, denn ab einem gewissen Umfang der Straftat verfolgt der Staat das Delikt selbst. Abgesehen davon tut mir der Täter auch heute noch nicht leid, denn hätte ich ihn nicht erwischt, wären so große Verluste für mich vielleicht ruinös geworden: bereits im ersten halben Jahr meiner Ladentätigkeit entwendete der Lehrer Bücher im Wert von 3 000 DM.

Und dann war dann noch dieser Kollege NN aus dem Antiquariat X, mit dem der diebische Lehrer seit Jahrzehnten verkehrte. Bei der Hausuchung hatte ich unter anderem ein Buch entdeckt, das der Kollege dem Dieb persönlich gewidmet hatte. Dies hatte den Täter aber nicht gehindert, für über 20 000 DM allein aus diesem Laden zu stehlen. Obwohl er so das ihm entgegengebrachte Vertrauen in meinen

Augen schändlich missbraucht hatte, sprach mich der Kollege einmal tadelnd sinngemäß so an, er hätte mich für intelligenter gehalten. Schließlich sei der Lehrer ja wohl krank (also doch?!).

Der Tadler ist nicht der Inhaber des Antiquariats, sondern nur dessen Angestellter. Doch auch der Inhaber dieses Antiquariats selbst enttäuschte mich. Da ich für ihn die Kastanien aus dem Feuer geholt hatte, – und was wäre mir nicht alles passiert, wenn mein Verdacht sich als Irrtum herausgestellt hätte? – ließ ich durchblicken, dass ich eine Belohnung für angemessen hielte. Ich bekam ein Büchlein für etwa 10 DM und das Angebot, mir einige Kataloge um 1900 herauszusuchen. Da diese völlig veraltete Preise enthielten, lehnte ich diesen Posten ab. Als jedoch Jahre später ein Kunde nach so etwas suchte, rief ich nochmal an und wollte die Kataloge jetzt haben. Da hieß es, dass sie mich nun je 10 Mark kosten würden, da man sie inzwischen in den eigenen Katalog aufgenommen hatte...

Undank ist der Welt Lohn

Mein gefährlichster Einsatz bisher begann, als ein junger Mann ein Buch im Wert von 1 500 DM zum Kauf anbot. Ich spürte, dass es gestohlen war, obwohl er behauptete, das Buch von seinem Opa bekommen zu haben. Raffiniert stellte ich ihm einen Scheck aus, den ich sofort sperren ließ. Als ich dann seine Großmutter, deren Namen der Täter nebenbei genannt hatte, anrief, fing sie zu weinen an und sagte, ihr Enkel sei ein gesuchter Einbrecher. Als dieser sich über die geplatzte Scheckeinlösung bei mir beschwerte, forderte ich ihn auf, mit mir zum Zweck einer Barabhebung in meine Bank zu gehen.

Dort nahm ich ihn mit einer Pistole fest und bat die mir bekannte Bankangestellte, die Polizei zu alarmieren. Sie war so verwirrt über die Situation, dass sie am Notruftelefon nur sagte: „Kommen Sie schnell. Hier steht der Herr Heck mit einer Waffe in der Hand." (Genauso erstaunt musste ein weiterer Bankbesucher sein, der zufällig anwesende Professor Gese, der einen ganz anderen Eindruck von mir gewonnen haben musste, hatte ich doch bei ihm einst als Theologiestudent meine Hebräischprüfung mit „Sehr gut" abgelegt. Außerdem war er von Anfang an Kunde meines Geschäfts, wo es doch in der Regel zivilisiert hergeht.)

Jedenfalls liefen kurz darauf mehrere bewaffnete Polizisten in die Bank ein und überwältigten mich als vermeintlichen Bankräuber. Hätte ich mich dabei in ihre Richtung umgedreht und dabei die Waffe in meiner Hand gegen sie gerichtet, wäre vermutlich auf mich geschossen worden. Dieser Lebensgefahr bin ich mir erst viel später bewusst geworden. Intelligenterweise ließen die Polizisten wenigstens den von mir Festgenommenen nicht laufen, sondern führten uns beide aufs Präsidium, wo wir getrennt vernommen wurden.

Nachdem ich meine Sicht der Dinge dargelegt hatte, wurde ich nicht etwa gelobt. Es erfolgte auch kein Hinweis, dass man sich solche engagierten Bürger eigentlich nur wünschen könne, sondern ich musste mir vorwerfen lassen, dass ich mich in die Angelegenheiten der Polizei „eingemischt" hätte und deshalb für meine Schwierigkeiten selbst verantwortlich sei. Meine Waffe wurde beschlagnahmt, und es erfolgte sogar eine Anzeige wegen Freiheitsberaubung gegen mich. Monatelang bangte ich jedesmal beim Öffnen des Briefkastens. Zum Glück wurde das Verfahren gegen mich jedoch eingestellt. Andernfalls wäre dies schon mein letzter Einsatz für die Interessen anderer gewesen, denn der Gipfel des Undanks folgte erst noch: Nach Monaten versandte ein Antiquariat einen Rundbrief an zahlreiche Antiquariate, in dem das Abhandenkommen des von mir sichergestellten Buches gemeldet wurde. Freudig rief ich dort an um mitzuteilen, dass das Buch in Sicherheit war. Zur Belohnung erhielt ich vom Bestohlenen erst nach vielen Monaten ein Buch im Wert von 15 DM. Als ich dabei auch um Erstattung meiner Kosten in Höhe von über 30 DM (Schecksperre 10, Telefonate 20) bat, verwies mich der Antiquar direkt an den Dieb. Empört habe ich daraufhin jeden geschäftlichen Kontakt zu dieser Firma abgebrochen.

Ich konnte es allerdings nicht lassen, bei einem weiteren Diebstahl wieder einzugreifen. Ich ging eines Tages zufällig an demselben Antiquariat vorbei und ertappte im Vorübergehen beim Blick durch das Schaufenster einen hohen Ministerialbeamten dabei, wie er ein Inselbändchen blitzschnell in seiner Jacketttasche verschwinden ließ. Da ich den Laden wie gesagt nicht betreten wollte, den Mann aber, da er auch bei mir stets die Inselbändchen durchsah, zu gerne überführt hätte, wartete ich draußen wie die Katze vor dem Mausloch. Er kam heraus, ich fragte ihn direkt, er leugnete. Da griff ich in seine Tasche und zog das Bändchen heraus. Es war eindeutig aus diesem Laden. Jetzt behauptete er, es nur umgetauscht zu haben. Im Laden saß der Chef. Der in die Enge getriebene Ministeriale gab daher an, die Umtauschaktion sei mit dem abwesenden Angestellten besprochen. Nun musste ich doch noch einmal in diesen Laden.

Kaum war ich drin, spürte ich, dass dies ein Fehler war, denn es geschah das Unglaubliche: Der Geschädigte solidarisierte sich mit dem Täter gegen mich. (Wahrscheinlich erschien ihm die Gelegenheit günstig, diesen wichtigtuerischen Heck ins offene Messer laufen zu lassen. Schließlich hatte ich ihm ja Gutes getan, was nur wenige ertragen, da sie dann zu Dank verpflichtet sind.) Aber was ich gesehen hatte, hatte ich gesehen. So tauscht man keine Bücher um! Also rief ich die Polizei. Dazu musste ich telefonieren. In diesem Laden hätte ich es vermutlich nicht gedurft. Also ging ich in die nebenangelegene Zentrale eines Dienstleistungsunternehmens.

Ich sagte, ich müsse die Polizei anrufen, da ich im Laden nebenan einen Diebstahl beobachtet hatte. Sie ließen mich telefonieren. Als nach langen Minuten die Polizei nicht gekommen war, ging ich nochmals in diese Zentrale. Da hieß es, die Polizei sei unterwegs, und ich müsse noch 50 Pfennig bezahlen! Man konnte sich also dort nicht einmal dazu durchringen, sich mit fünf Groschen an einem bürgerschaftlichen Engagement zu beteiligen, nein, schließlich ist Verbrechensverhütung ja offensichtlich nicht Sache der Öffentlichkeit und damit fast aller (und das eben bedeutet res publica), sondern mein Privatvergnügen. Als die Polizisten kamen, mussten sie unverrichteter Dinge abziehen, da das Büchlein so wenig wert war, dass sie nur auf Antrag des Geschädigten, nicht irgendeines Zeugen, tätig werden durften!

Die Polizei

Neben einigen positiven Erfahrungen mit der Polizei stehen die negativen, die schwerer wiegen. Da ist zum einen der Polizist, der mir nicht dankt (auch nicht durch die Blume oder indirekte Sympathiebekundung) für die Festnahme eines Einbrechers, sondern mir Einmischung in die Angelegenheiten der Polizei vorwirft (s. oben). Da ist der andere Polizist vom Wirtschaftskontrolldienst, bei dem ich einen unseriösen Versteigerer anzeige. Man geht der Sache nach – mein Verdacht war völlig berechtigt. Der Beamte entdeckt Urkundenfälschung u.a., der Versteigerer wird hart bestraft. Für dieses Ergebnis erhält der Polizist sogar eine offizielle Belobigung. Mich, ohne den es nie so weit gekommen wäre, informiert er nie von diesem Erfolg. Erst auf meine Anfrage erfahre ich das Ergebnis. Und nach Jahren, als ich ihm gegenübert wieder einmal einen (berechtigten) Verdacht äußere, sagt mir eben dieser Beamte im herablassendsten und uninteressiertesten Ton, ich müsse die Sache schon ihm überlassen.

Ein anderes Mal: Sieht sich eine Frau meinen Schmuck an und fragt nach dem Preis einer diamantbesetzten Uhr von Longines. Ich sage „1 200 Mark", merke aber schnell, dass ich mich geirrt habe, da ich noch eine Damenuhr mit Diamanten habe. Da die Kundin aber offensichtlich eh nicht kaufen will, schweige ich über meinen Irrtum. Sie verlässt den Laden, kommt aber nach wenigen Minuten wieder.

Nun gilt hierzulande, dass mündliche Angebote unverzüglich angenommen werden müssen, andernfalls sie nicht mehr gelten. Dies wissend, gebe ich der Frau die Uhr abermals heraus, die sie jetzt (ohne dass ich mein Preisangebot wiederholt hätte, das ich im Übrigen wegen Irrtums ohnehin jederzeit anfechten könnte) kaufen will. Nun erst sage ich ihr, dass ich mich geirrt habe und ein höherer Preis (1 800 DM) richtig sei. Sie aber besteht darauf, dass ich 1 200 gesagt hätte, und verlangt, die Uhr zu diesem Preis kaufen zu können. Ich kann ihr zwar beweisen, dass ich mich geirrt habe, sie weigert sich aber trotzdem, die Uhr wieder herauszurücken. Ich versuche es mit allen Mitteln, umsonst. Sie legt 1 200 DM hin und will gehen. Ich zücke die Pistole und nehme sie wegen Diebstahls vorläufig fest. Wir rufen einvernehmlich die Polizei, auch meinen Anwalt, der um die Ecke seine Kanzlei hat und sofort kommt.

Nun die Quizfrage an alle an Rechtsproblemen Interessierten: Wie entscheidet der Polizist? Gibt er der Frau die Uhr mit oder lässt er sie mir? Ich war mir sicher, dass die Sache zu meinen Gunsten ausgehen würde, schließlich gehörte die Uhr mir und ein Kaufvertrag war eben nicht zustandegekommen. Aber weit gefehlt: Der Beamte nahm zwar immerhin die Personalien der Frau auf, gab ihr aber die Uhr mit. Mir ließ er das Geld. Ich stellte mir vor, dass die Frau die Uhr ja jetzt womöglich an Unbekannt verkaufen und ich so nicht einmal meinen Schaden beweisen könnte. Ich blickte verzweifelt zu meinem Anwalt. Er verlangte vom Polizisten, dass ihm „als Organ der Rechtspflege" die Uhr übergeben werde – vergeblich.

Mit der Frau einigte ich mich später auf einen Vergleich: Sie solle die Uhr von einem vereidigten Sachverständigen begutachten lassen, die gesamten Kosten wollten wir teilen. Ich würde ihr die Uhr dann zum halben Wert überlassen. Da die Expertin das Stück aber auf 4 000 DM bewertete (das zeigt, wie günstig meine Angebote sind – verlangt hatte ich nur 1 800!), nahm die Kundin vom Kauf Abstand, musste aber 800 DM an Kosten für Anwalt und Gutachten tragen. Gegen den Polizisten übernahm mein Anwalt – sogar kostenlos – die Dienstaufsichtsbeschwerde beim Polizeipräsidenten. Der Anwalt und ich waren der Überzeugung, dass der Beamte so nicht reagieren durfte. Aber ohne Erfolg, der oberste Polizist dekretierte, dass der beschuldigte Beamte wegen des Nichtvorliegens einer Straftat korrekt gehandelt habe.

„Sonst sind Sie verloren!"

Ein Mann will mir Ikonen verkaufen. Ich schlage vor, diese zunächst von einem unabhängigen Experten begutachten zu lassen. Ich wolle die Expertise gerne beschaffen, sage aber, dass dies mit Kosten von 500 DM verbunden ist. Der Mann ist einverstanden. Ich stelle eine Quittung über die mir einstweilig überlassenen Ikonen aus, auf der ich auch die vereinbarten Kosten vermerke. Nach zwei Wochen kommt der Mann wieder. Ich sage ihm, was der Experte befunden hat. Er ist enttäuscht und will seine Ikonen wieder haben. Ich erinnere an die Schätzgebühr. „Was für eine Schätzgebühr?" – fragt er. Es sei nichts Derartiges vereinbart gewesen. Ich verweise auf die schriftliche Quittung, was er nicht gelten lässt. Er fordert sein Eigentum heraus, ich erkläre, dass ich zuerst die Bezahlung verlange – es kommt zum Streit. Er geht zur Polizeistation um die Ecke. Von dort erhalte ich den Anruf des Polizisten N. Ich erläutere dem Beamten zunächst den Sachverhalt und dann meine Rechtsauffassung, dass es nicht die Aufgabe der Polizei sei, in einem zivilrechtlichen Streit wie diesem zu intervenieren (da die Polizei nur Straftaten verhindern soll, und schließlich liegt hier weder Diebstahl noch Betrug oder Unterschlagung vor). Da der Laden voll ist und Kunden zahlen wollen, ich außerdem die Übersicht zu verlieren drohe, lege ich anschließend kurzerhand auf.

Nach zwei Minuten steht der Mann wutschnaubend wieder im Laden und brüllt: „Wenn ich meine Sachen nicht bis morgen zurück habe, sind Sie verloren!" Obwohl ich sonst eher an einer fast pathologischen Furchtlosigkeit leide als an Überängstlichkeit, wird mir nun doch mulmig. Anwesend ist Mechthild Horowski, die Präsidentin der Deutsch-Französischen Gesellschaft, die mich beherzt in Schutz nimmt. Sie zittert, als der Mann gegangen ist. Ich wähle angesichts dieser, wie ich meine, massiven Bedrohung die Notrufnummer 110. Während in den Fernsehkrimis Halbtote in den Hörer röcheln und die Polizei nach wenigen Minuten am Tatort ist, passierte mir in meiner unüberbietbar wirklichen Wirklichkeit dies: Am Apparat ist zufällig derselbe Beamte, mit dem ich den Fall soeben noch auf der Normalleitung diskutiert hatte. Er legt auf! Ich denke, dass kann nicht wahr sein, sicher ein technischer Defekt, wähle nochmals. Der Polizist sagt: „Wieso, ich denke, das ist kein Fall für die Polizei!" und – legt nochmals auf! Ich bin völlig fertig! Der Polizist ist zu blöd um zu erkennen, dass die Beschwerde des Mannes auf zivilrechtlichen Gründen basiert, die die Polizei wirklich nichts angehen, während eine Bedrohung, wie Frau Horowski und ich sie hier empfanden, sehr wohl in die Zuständigkeit der Polizei fällt.

Aber mein Anwalt riet mir davon ab, Dienstaufsichtsbeschwerde einzulegen, da ich sonst risikieren würde, dass die Polizei in meiner nächsten Notsituation ein bisschen langsamer reagiere als sonst. Das ist die Wirklichkeit im deutschen Rechtsstaat! Da half es mir auch wenig, dass der leitende Oberstaatsanwalt über dieses Verhalten des Polizisten den Kopf schüttelte, als ich sie ihm bei einem Besuch im Laden berichtete. Seine Kollegen stellten nämlich das von mir angestrengte Verfahren gegen den Besitzer der Ikonen ein mit der Begründung, diese Äußerung sei keine Bedrohung!

Ein furchtbarer oder ein fruchtbarer Irrtum?

Mediziner stehen an erster Stelle der Volksachtung. Hierzu meine beste Geschichte: In meinem Laden interessierte sich ein Mediziner für Graphik moderner Klassiker. Er sah sich einen signierten Liebermann an und bat um Bedenkzeit. Wenige Tage später erschien er wieder, nahm aber vom Kauf des Liebermann-Blattes Abstand. Ich spürte sein ernsthaftes Interesse, so dass mir nichts auffiel, als er anschließend intensiv meinen Graphikständer durchblätterte. In einem der zahlreichen Überwachungsspiegel meines Ladens sah ich, wie er einmal eine Graphik von Beckmann in der Hand hielt, ein anderes Mal eine Originalradierung von Goya.

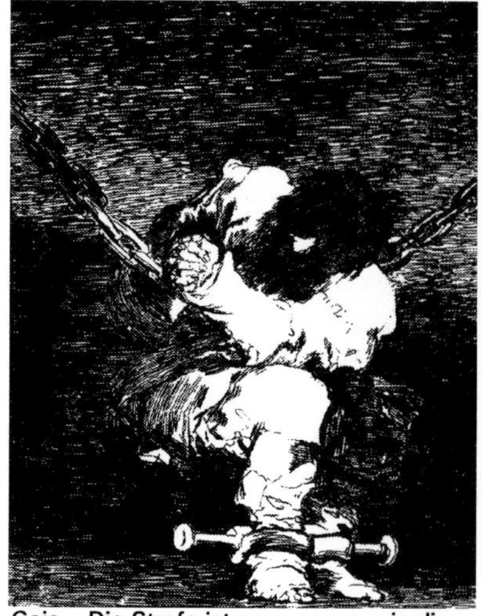
Goja, „Die Strafe ist so grausam wie die Tat."

Nachdem er gegangen war, passierte ein unglaublicher Zufall: Kaum drei Minuten später fragte ein junger Mann nach eben jener Beckmann-Graphik, die der Mediziner gerade noch in den Händen gehabt hatte. Ich begann, das Blatt zu suchen. Als ich es nicht gleich fand, sagte ich noch halb scherzend zu dem neueingetretenen Kunden: „Das wird doch der Mann, der da gerade gegangen ist, nicht geklaut haben..." Doch bei der weiteren Suche fand ich das Blatt tatsächlich nicht, dafür aber zwei leere Passepartouts, die den Goya sowie einen Kandinsky im Wert von 1 500 DM enthalten hatten. Da ich während der Anwesenheit des Verdächtigen auch das Goya-Blatt in seiner Hand durch den Spiegel noch gesehen hatte, war der Zusammenhang eindeutig. Ich alarmierte sofort die Polizei. Aber außer der umständlichen Aufnahme eines Protokolls geschah an diesem Abend nichts mehr von dieser offiziellen Seite. Ich war mir aber fast sicher, dass es sich bei dem Täter um einen Kunden handelte, der vor fünf Jahren auf einer meiner Versteigerungen wie folgt negativ aufgefallen war:

Bei der Auflösung einer Arztpraxis ersteigerte er den kompletten Inhalt mehrerer Schränke für 45 DM. Anstatt aber alles Erworbene mitzunehmen, wie es sich laut Bürgerlichem Gesetzbuch und meinen Allgemeinen Geschäftsbedingungen gehört, suchte er sich nur die besten Sachen heraus und ließ mir zentnerweise Abfall zurück, den ich im Schweiße meines Angesichts in Müllsäcke packen und entsorgen musste. Als ich ihm hierfür die Entrümpelungskosten in bescheidenem Maß in Rechnung stellte, sah er sich nicht etwa veranlasst, diese berechtigte Forderung zu begleichen. Vielmehr schaltete er postwendend seinen Anwalt ein, der mir die Ablehnung meiner Ansprüche erklärte. Das ausgeprägte Rechtsempfinden des Herrn sollte sich allerdings nun, Jahre später, als sehr einseitig erweisen, denn bei der Wahrung der Rechte anderer ist er keinesfalls zimperlich, sondern beweist im Gegenteil eine hohe kriminelle Energie.

Ich erkannte ihn also noch nach fünf Jahren (obwohl ich in dieser Zeit etwa 50 000 Gesichter gesehen hatte), und das trotz seines inzwischen gewachsenen Vollbarts. Ich musste lediglich das Protokoll dieser lange zurückliegenden Auktion heraussuchen und fand den Namen des Täters. Ich ermittelte dann, dass er sich an diesem Abend bei seiner – ebenfalls wegen Diebstahls schon verurteilten – Schwiegermutter aufhielt. Ich rief bei der zuständigen Polizei an. Dort saß ausgerechnet einer meiner Kunden am Notruftelefon, der meine Aussagen als zuverlässig einschätzte. Dieser kleine, taktisch vorteilhafte Zufall führte noch am selben Abend zu einer Haussuchung, wobei ich den Goya und den Kandinsky in einem Buch wiederfand, das mir der Täter beim selben Besuch abgekauft hatte, wohl nur deshalb, um die gestohlene Graphik darin verstecken zu können.Der Mediziner selbst saß zu dieser Zeit, während der Haussuchung, in einer Pizzeria am Kopfende eines Tisches, wo er vor sechs Bekannten große Reden schwang. Unterbrochen wurde er bald von mir und uniformierten Beamten, die ihn direkt zum Verhör abholten.

Wie die Sache ausging? Das Beckmann-Blatt, das ich ursprünglich vermisst hatte, fand sich am nächsten Tag im Graphikständer wieder. Es war nur hinter eine andere Graphik gefallen... Ein *fruchtbarer* Irrtum also für mich. Im August 1992 fand der Strafprozess vor dem

Amtsgericht Tübingen statt. Trotz der erdrückenden Beweislast leugnete der Arzt in spe noch vor Gericht: Jemand müsse ihm die Sachen in die Tasche geschmuggelt haben! Meine Aussage war aber so glaubhaft, dass selbst der Anwalt des Angeklagten zugeben musste, dass man eigentlich nicht anders könne, als einen Diebstahl seines Mandanten anzunehmen. Seine Bitte an das Gericht, die standes- bzw. disziplinarrechtlichen Konsequenzen, die dem Täter als angehendem Arzt drohen, zu berücksichtigen, fand kein Gehör. Im Gegenteil, der Richter verdoppelte von sich aus das von der Staatsanwaltschaft geforderte Strafmaß von 30 auf 60 Tagessätze, mit der Begründung, hier handle es sich nicht um einen gewöhnlichen Diebstahl! Dem Verteidiger, einem ganz guten Kunden von mir, war die Sache so peinlich, dass er über zwei Jahre nicht mehr in meinen Laden kam.

Ich selbst spielte dann noch gemeinerweise die Akte der Approbationsbehörde zu, denn in Zeiten von Medizinerschwemme sehe ich nicht ein, dass solche raffgierigen Individuen unter dem Mäntelchen des Hippokratischen Eides auf Kranke losgelassen werden. Damit war meinem *Gerächtigkeitsgefühl* nun endgültig Genüge getan. Das also war – ein *furchtbarer* Irrtum für den Täter.

Der junge Mann, der die Sache durch seine Frage ins Rollen gebracht hatte, konnte seinen Beckmann nun erwerben. Er war eigentlich nur im Auftrag seiner Schwester gekommen, die sich in das Blatt verliebt hatte. (Sie konnte ihrem Bruder kein Wort glauben, als er ihr diese Geschichte erzählte. Sie meinte, er plane nur eine besonders geschickt eingefädelte Weihnachtsüberraschung!) Hätte er sich drei Minuten früher blicken lassen, wäre der Mediziner noch da gewesen und hätte sich bei einem von mir geäußerten Verdacht schön reinwaschen können (denn er dürfte den verlangten Beckmann ja recht schnell gefunden haben). Wäre der Beckmann-Kunde aber einen Tag später gekommen, hätte ich mich vielleicht gar nicht mehr an den Mediziner erinnert.

So aber kam er innerhalb von 180 Sekunden, die das Leben eines Menschen veränderten. Die Ironie der Geschichte: Die geklaute Goya-Radierung zeigt einen eingekerkerten und angeketteten Strafgefangenen, und darunter steht „Die Strafe ist so grausam wie die Tat". Wie wahr! Ich habe diese Radierung als Titelbild eines von mir 1995 verlegten Buches über Anarchisten verwendet, in dem es auch wieder über Eigentum, Staat, Strafen und Spielregeln geht.

Ich glaube, dass das Paradoxe dieser Erlebnisse gar nicht erfunden sein könnte, denn es müsste unglaubhaft wirken. Übrigens lese und sehe ich selbst keine Krimis, die mir viel zu langweilig sind gemessen an der Wirklichkeit.

Schikane

Nach §1 Rechtsberatungsgesetz können öffentlich bestellte und vereidigte Versteigerer, wie ich, als Rechtsberater für Versteigerungsrecht zugelassen werden. Wie gesagt, wollte ich früher einmal Jurist werden, was mir mein Vater ausredete mit der Begründung, als Jurist müsse man sehr gut sein, wenn man Erfolg haben wolle. Damals hielt ich mich in falscher Bescheidenheit zwar für gut, aber nicht für sehr gut, und ließ von dem Lebensplan ab. Die Freude am formalen Denken, an der Rechthaberei und am Kampf sind aber nach wie vor vorhanden. Dies äußert sich einerseits an einer enormen Wettleidenschaft, andererseits an zahlreichen juristischen Aktionen. Eine davon war nun eben jene aufgrund dieses §1 RBerG:

Als erster Deutscher wollte ich diese Zulassung haben. Ich stellte daher beim Landgericht Tübingen den entsprechenden Antrag, der zu meiner Überraschung abgelehnt wurde, nicht wegen persönlicher Untauglichkeit des Antragstellers Thomas Leon Heck, sondern mit der Begründung, die durch §1 Rechtsberatungsgesetz erlangbare Kompetenz gehe nicht über die allgemeine Befugnis jedes Kaufmanns hinaus, seine Kunden im Rahmen ihrer Rechtsgeschäfte zu belehren.

Ich war empört: Wozu sollte dann diese Kompetenz für gewisse Versteigerer vorgesehen worden sein, zumal sich die Lobby der Rechtsanwälte möglichst von niemandem die Butter vom Brot nehmen lassen will? Die Väter dieses Gesetzes mussten sich also einen Spezialisten vorgestellt haben, der zumindest auf dem Gebiet des Versteigerungsrechts kompetenter als ein Anwalt sein sollte. So erhob ich Beschwerde beim Präsidenten des Oberlandesgerichts in Stuttgart, Herrn Weinmann, und bekam Recht! Was muss man sich beim hiesigen Landgericht über diese Niederlage geschämt haben, bereitet von einem „Trödler".

Ich triumphierte zu früh. Der Referent des Landgerichtspräsidenten gab nun das Pensum vor. Anstatt sich auf die Versteigererverordnung, die Versteigerungsvorschriften, das Kaufvertrags- und Wettbewerbsrecht zu beschränken, wie ich dies erwartet hätte von einem Rechtsberater für Versteigererrecht, sollte ich gerade in diesen Bereichen nicht geprüft werden, sondern man kündigte mir an, mich zum ehelichen Güterrecht und zum Problem des Gerichtsstands examinieren zu wollen. Aber selbst meine Anwälte finden bei jedem neuen Prozess stets wieder die Frage schwierig, wo der Gerichtsstand ist, also welches Gericht für den Prozess überhaupt zuständig ist, das des Klägers oder das des Beklagten. Daher sah ich in dieser Abgrenzung des

Prüfungsstoffes eine erneute Schikane des Landgerichts, gegen die ich nun nicht weiter vorgehen konnte oder wollte.

Jedenfalls hatte ich keine Lust, jahrelang zu büffeln, um dann dreimal in meinem Leben als Sachverständiger für Versteigererrecht gebraucht zu werden und dafür dann 60 DM pro Stunde zu erhalten. Aber interessant fand ich den Fall schon, zeigt er doch wieder einmal, wer am längeren Hebel sitzt, selbst wenn dies auf Kosten der Gerechtigkeit geht. Die Herren vom Landgericht wollten ihr erhabenes Terrain wohl nicht so ohne weiteres mit einem Gebrauchtwarenhändler teilen. Da lache ich doch laut! Aber Vorsicht, ein anderes Landgericht hat jüngst einen Mann nur deshalb bestraft, weil er vor Gericht gelacht hat. Doch sind wir nicht vor Gericht...

Haftandrohung

Bemühungen um Verwaltungsvereinfachung kann ich nur begrüßen. Wie grausam Verwaltungsrecht sein kann, zeigt auch mein Fall. Da ich die Erlaubnis zum Immobilien-Makeln nach §34c GewO besitze, muss ich alljährlich einen Tätigkeitsbericht abgeben (gem. MaBV). Da ich die Tätigkeit aber nicht ausübe, da ich sie noch nicht einmal aufgenommen habe, betrachte ich mich nach anwaltlicher Beratung und Rücksprache mit der IHK nicht als „Gewerbe-Treibenden" im Immobilienbereich im eigentlichen Sinne der Gesetze. Daher ist es für mich nur konsequent, wenn ich alljährlich vergesse, diesen Bericht abzugeben. 1992 erhielt ich deswegen ohne Mahnung (!) einen Bußgeldbescheid mit Haftandrohung! Ich ging vor Gericht: Selbst das Finanzamt schickt bei nicht fristgerechter Abgabe der Steuererklärung nicht sofort einen Bescheid mit Zuschlag, obwohl es dazu berechtigt wäre, sondern hat mich noch immer mindestens einmal kostenlos gemahnt. Wobei ich die Beitreibung von Steuern für ein staatspolitisch wichtigeres Ziel halte als die Beitreibung einer Erklärung, aus der Nichttätigwerden hervorgeht. Die Behörde, das Landratsamt Tübingen, ging so weit, einem Bürger, der als Öffentlich bestellter Versteigerer, Inhaber von zwei Läden, Verleger und Geschäftsführer einer GmbH schon genug Gesetze am Hals hat, der öffentliche Funktionen ausübt, der sich für die Bekämpfung von Kriminalität einsetzt, ihm wegen so einer Lappalie, um es nicht anders auszudrücken, Erzwingungshaft anzudrohen.

Vor Gericht unterlag ich erstinstanzlich. In der 2. Instanz aber nur deshalb, weil mich der Richter der 1. Instanz nicht belehrt hatte, dass ich in der 2. einen Anwalt brauche! Nun ist das Urteil rechtskräftig.

Die Kulturämter

Meine Erlebnisse mit Kulturämtern entsprechen nicht dem guten Image, den das Wort Kultur hat, und oft nicht einmal der Korrektheit, die man naiv mit dem Begriff Amt verbindet.

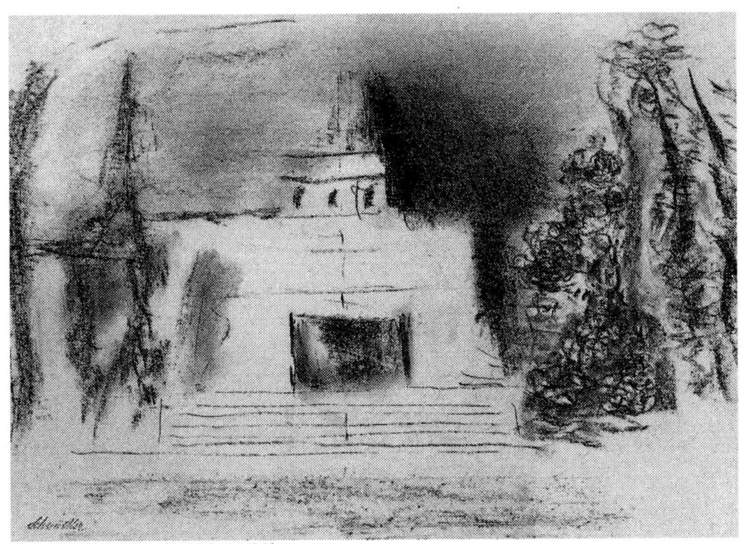

Ernst Schneidler (1882-1956)

Die übelsten Erfahrungen machte ich über 10 Jahre hinweg mit dem Leiter des Kulturamts der Stadt B., Dr.(!) M. Über etliche Vorkommnisse darf ich hier aber nicht ohne weiteres berichten, da ich die Unregelmäßigkeiten teilweise nicht beweisen kann und auch seinerzeit auf gerichtliche Schritte verzichtet habe. Allgemein bekannt ist jedoch, dass M. wegen Untreue aus seinem Amt entlassen wurde und ein Strafverfahren gegen ihn erst nach Zahlung einer Geldbuße von 5 000 DM eingestellt wurde. Er hatte Bilder aus städtischem Besitz verkauft und das Geld auf sein Privatkonto überweisen lassen. Seit seiner Entlassung ist M. als Ausstellungsmacher tätig. Doch mit ebenso fragwürdigem Erfolg. Denn die Lebensgefährtin HAP Grieshabers, Margarethe Hannsmann, erstritt von ihm über 40 000 DM Schadensersatz für Schäden, die an ihren Leihgaben entstanden waren. Und als ich den künstlerischen Nachlass eines Malers betreute, bot mir M. zwar eine willkommene Ausstellungsmöglichkeit an. Aber im Rahmen dieser Kooperation schlug er mir Projekte vor, bei denen er mich gründlich linkte. Es führt hier zu weit, all seine Tricks aufzulisten, durch die ich geschädigt wurde. Jedenfalls erhielt ich 1996 von Dr. M. 8 000 DM Schadensersatz, der Südwestfunk hat ausführlich über diesen und andere Fälle berichtet (Manuskript im Antiquariat zu haben).

Keinem Krimi, eher einer Komödie glich die Erfahrung, die ich 1988 mit dem Leiter des Kulturamts von Reutlingen, Dr. Ostberg, machte. Ich erwarb den Nachlass des Reutlinger Malers Paul Beuttner, den die Erben komplett zuvor bereits der Stadt ohne Erfolg angeboten hatten. Darunter befand sich das Porträt einer Frau in Betzinger Tracht, das ich dem Kulturamtsleiter einzeln für 1 500 DM anbot. Ostberg kam zu diesem Zweck das erste und einzige Mal in meinen Reutlinger Laden. Er wollte aber das Bild nicht. Daher verkaufte ich es an einen Händler, der es reinigte, rahmte und für 3 500 DM an einen weiteren Händler verkaufte. Dieser bot es der Stadt Reutlingen, vertreten durch Dr. Ostberg, abermals zum Kauf an, diesmal für 7 000 DM. Nun wollte Ostberg das Bild doch tatsächlich auf einmal kaufen. Nur noch der Gemeinderat musste seine Zustimmung geben. Pikanterweise war der Ehemann einer Gemeinderätin ein Schüler Beuttners und hatte den ganzen Nachlass schon bei mir gesehen. Er rief mich an und fragte, ob ich auch dieses Bild veräußert hätte. Ich bejahte, da ich keinen Grund sah, ihm die Wahrheit vorzuenthalten.

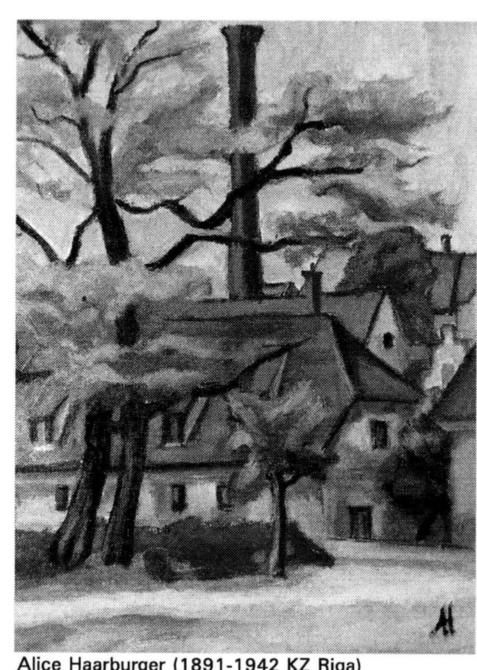
Alice Haarburger (1891-1942 KZ Riga)

Dies sollte einen kleinen politischen Skandal auslösen, denn im Gemeinderat kam diese seltsame Verschwendung von Steuergeldern natürlich auf den Tisch, weshalb der Ankauf des Bildes auch abgelehnt wurde. Statt dessen fand eine Gesprächsrunde beim Bürgermeister statt, zu der ich als „Zeuge“ geladen wurde. Noch heute ärgere ich mich, dass ich daran teilnahm, denn am Ende hatte natürlich ich den schwarzen Peter, wahrscheinlich dafür, dass ich durch meine Äußerung die Sache ins Rollen gebracht hatte.

Als ich den drei Hauptbeteiligten witzige Graphiken von Beuttner kostenlos überließ, um zu signalisieren, dass ich die Sache mit einem Augenzwinkern abschließen wollte, erhielt ich zwei davon mit entsprechend humorlosen Schreiben zurück.

Als ich Jahre später den Nachlass der bedeutendsten Reutlinger Malerin, Alice Haarburger, erwarb und der Stadt eine Ausstellung vorschlug, lehnte die Museumsleitung ab. Man könnte auf den Gedanken kommen, dass diese sachlich nicht gerechtfertigte und moralisch höchst fragwürdige Entscheidung mit der Ostberg-Affäre zu tun hat.

Moralisch fragwürdig deshalb, weil Alice Haarburger aus Reutlingen stammt (ihr Vater war hier einer der größten Arbeitgeber) und 1942 als Jüdin im KZ Riga ermordet wurde.

Aber auch den Nachlass Ernst Schneidlers bot ich vergeblich der Museumsleitung an: Obwohl Schneidler ein Künstler von Weltrang ist (Ausstellung zusammen mit Klee!) und der Lehrer Grieshabers war – der über Schneidler sagte: „Ihm verdanke ich, was ich bin" –, sah sich niemand vom Spendhaus die Werke an.

Als ich nach der Reutlinger Absage bei der Galerie der Stadt Stuttgart anrief, um dort für Alice Haarburger eine Ausstellungsmöglichkeit zu finden, da sie auch in Stuttgart gelebt hat, fertigte mich der Leiter am Telefon wie einen Staubsaugervertreter ab. Sie hätten weder Zeit noch Geld noch Platz noch Interesse. In meiner Empörung wandte ich mich an Oberbürgermeister Rommel, dessen gesunder Menschenverstand zu Recht gerühmt wird. Ich wollte nicht hinnehmen, dass die Stadt Stuttgart 1992 offiziell des 50. Jahrestags der Judendeportation gedachte und bei so vielen feierlichen Worten der Betroffenheit den soeben aufgetauchten Nachlass dieser Stuttgarter Malerin unter den Teppich kehrte. Dies sah wohl auch Rommel so, denn er veranlasste, dass das Stadtarchiv, das eigentlich gar nicht für Kunst zuständig ist, sämtliche Stuttgart-Bilder der Malerin nicht nur erwarb, sondern auch ausstellte.

Da die Stadt Reutlingen, wie gesagt, weder damals noch heute je eine Ausstellung des Œuvres von Haarburger vornahm, suchte ich weiter nach einer öffentlichen Galerie und fand diese endlich in Böblingen. Ich selbst stellte mit erheblichen Kosten einen Katalog für die Malerin her und beschaffte sämtliche Bilder. Dass ich bei der Ausstellungseröffnung allerdings dann nicht einmal begrüßt wurde, ist vielleicht außer meiner Frau und mir niemandem aufgefallen.

Aus dem Nähkästchen geplaudert

Wer so viel zu erzählen hat wie T.L. Heck, kann nicht nur negative Erfahrungen angehäuft haben. Sein Erfahrungsschatz muss ins Unermessliche steigen. So lässt er jetzt, seine Erfahrungen reflektierend, auch uns daran teilhaben.

Selbst ist der Mann

Insgesamt habe ich in all den Jahren eine mindestens dreistellige Zahl von Diebstählen erlitten, davon eine zweistellige Zahl bemerkt und eine einstellige Zahl bei Polizei und Staatsanwalt angezeigt. Erfolg der staatlichen „Bemühungen“: fast null. Die Aufklärungsquote für mich liegt trotzdem bei etwa 50% – durch Eigeninitiative!

Schon kurz nach Eröffnung meines Reutlinger Geschäfts wurde dort ein Einbruch verübt. Meine einzige Chance, mein Eigentum wiederzuerhalten, war die, vor den langwierigen und meist uneffektiven Ermittlungen der Polizei bereits den Verbleib des gestohlenen Schmucks ausfindig zu machen. Daher fragte ich gleich am nächsten Tag bei allen Kunst- und Antiquitätenhändlern in Reutlingen und Tübingen an. Tatsächlich hatten die Täter bei einem Kollegen Teile der Beute verkauft, wo sie ihren Ausweis zeigen mussten. Daher konnten sie noch am selben Tag verhaftet werden. Da sie sich beim Zerstören des Schaufensters verletzt hatten und Blutspuren vorhanden waren, war die Beweislage eindeutig. Es handelte sich um einen Akt der Rauschgiftbeschaffungskriminalität, einer der Täter hatte noch eine mehrjährige Freiheitsstrafe auf Bewährung, die er nunmehr vor der neuen Verurteilung erst absitzen muss.

Aufgrund dieser Erfahrung mein Rat an alle, die durch Einbruch, Diebstahl oder Raub geschädigt wurden: Nehmen Sie Ihre Angelegenheit selbst in die Hand. Zeigen Sie die Tat der Polizei zwar an, warten Sie aber nicht darauf, von dort Ihr Eigentum zurückzuerhalten.

Beschreiben Sie Ihre Sachen möglichst detailliert und versenden Sie, am besten unter Aussetzung einer Belohnung, diese Liste an sämtliche An- und Verkäufer im Umkreis von mindestens 100 km. Die Hälfte des mir entwendeten Schmucks habe ich so wiederbekommen, die zweite Hälfte hat mir die Versicherung ersetzt.

Es lässt sich beobachten, dass fast alle erwähnten Taten von Männern begangen wurden, eine auch mit der offiziellen Kriminalstatistik weitgehend übereinstimmende Tatsache.

Was das Alter der Täter betrifft, so reicht es in den von mir überblickten Fällen von 10 Jahren bis über 90. So klauten drei Pimpfe im Alter von circa 12 Jahren in der Tübinger Universitätsbibliothek drei zum Teil wertvolle Bücher und boten sie mir zum Kauf an. Immerhin waren sie trotz ihrer Jugend so gewitzt, dass sie bei meinem Griff zum Telefon sofort das Weite suchten. Das Schwäbische Tagblatt wollte diese erstaunliche Sache nicht melden, da es „kein Fahndungsblatt“ sei. Das älteste Schlitzohr, dem ich begegnet bin, war 91. Er gab an, Vorsitzender eines Reutlinger Kirchengemeinderats zu sein und für den dort scheidenden Pfarrer eine Bibel zu suchen. Tatsächlich war er jedoch nur an den Preisen meiner Bibeln interessiert, um sich so indirekt die Schätzung für sein eigenes Stück zu erschleichen, was ich recht schnell durchschaute.

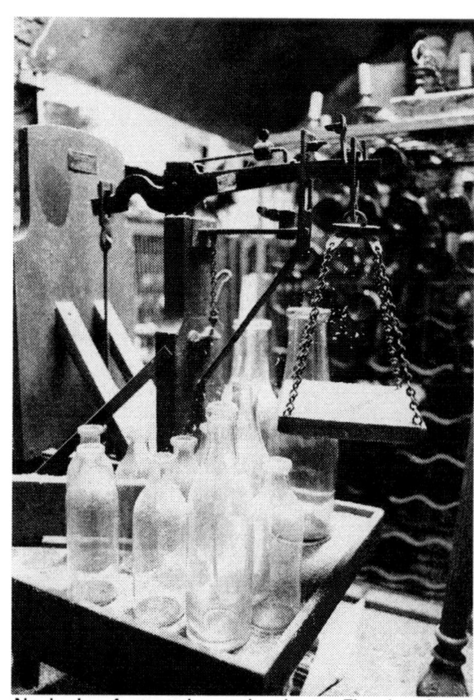
Noch eine Ansammlung erleuchteter Flaschen in Tübingen.

Nach weniger als einem weiteren Jahr war das alte Schlitzohr bereits gestorben, und ich las mit einer Mischung von Erheiterung und Abneigung in der Zeitung die Nachricht von seinem Tode „nach einem langen und erfüllten Leben“...

Der Antiquar steht immer mit einem Bein im Gefängnis

Den Komplex Einbruch und Diebstahl kann ich nun nicht darstellen, ohne die Fälle zu bekennen, bei denen es mir trotz größter Skepsis nicht gelang, die Unredlichkeit eines Verkäufers zu erkennen.

Besonders frappierend der Fall des Tübinger Professors St. Bei einer Party seiner Kinder entwendete ein Gast den Schmuck der Hausfrau. Über mehrere Zwischenbesitzer landete ein Teil davon bei mir, hauptsächlich Ware der untersten Preisklasse, im zweistelligen Bereich. Da ich beim Erwerb guten Glaubens war, fand ich selbstverständlich nichts dabei, einige Stücke ins Schaufenster zu hängen, da es sich um wenig wertvollen Schmuck handelte. Teure Stücke auszulegen macht Diebe und Einbrecher aufmerksam, weshalb ich dies nicht mehr tue. Daher glauben manche Passant(inn)en noch heute, ich hätte keinen wertvollen Schmuck zu verkaufen. (Dabei besaß ich jüngst einen Ring im Neuwert von 80 000 DM.) Aber alles hat zwei Seiten, auch die Schaufensterauslage.

Unangenehm an diesem Fall war nun, dass die Bestohlene an meinem Schaufenster vorbeiging und ihre „Juwelen" wiedererkannte. Sie brachte sogleich zwei Polizisten in den Laden, die mich trotz meiner Unbescholtenheit wie einen Hehler behandelten, weil mir nicht gleich einfiel, von wem ich die Sachen erworben hatte, was bei der Fülle des alljährlich von mir Angekauften ja kein Wunder ist. Da die Geschädigte zugleich mit ihrer Anzeige eine detaillierte Skizze des entwendeten Schmucks vorgelegt hatte, bestand auch für mich kein Zweifel, dass dies tatsächlich ihr Eigentum war, weshalb ich selbstverständlich die Teile herausgab und mich an meinem Zulieferer, der mir nach langem Überlegen wieder eingefallen war, schadlos hielt.

Doch nicht nur Erfahrungen mit Diebstahl und Betrug fließen hier mit herein, auch einige Kuriositäten, die T.L. Heck auf seinem langen Weg erlebt hatte, harren ihrer Entdeckung.

Nicht jeder kann sich vorstellen, wieviel Dummheit selbst in einer Universitätsstadt noch anzutreffen ist.

Jahrelang war ich hinter dem Archiv der bekannten Tübinger Buchdruckerei Laupp hinterher, und nur mit größter Mühe ist es mir gelungen, einige Doubletten der wertvollen Produktion zu erhalten. Für das gesamte Archiv hätte ich viele tausend Mark geboten. Als die Druckerei Mitte der Achtzigerjahre bankrott ging, flog – so hörte ich – das gesamte Archiv auf den Müll, mitsamt den bleiernen Lettern und sämtlichen Büchern. Dass von der gesamten Belegschaft dieser Druckerei, die sich über ein Jahrhundert lang mit der Herstellung anspruchsvollster Bücher beschäftigt hat, niemand in der Lage war, dies zu verhindern und einen Antiquar einzuschalten, wird mir immer unfassbar bleiben.

Zu den typischen Kuriositäten meiner Branche gehört es auch, dass manch ein Objekt monate- oder jahrelang liegt und sich dann plötzlich gleich mehrere Interessenten dafür melden. Dazu zähle ich nicht die Fälle, wo durch den Tod eines Schriftstellers oder Künstlers der Markt plötzlich in Bewegung kommt. (So erinnerte sich ein Kunde unmittelbar nach Dürrenmatts Tod an einen eigenhändigen Brief von ihm in meinem Handschriftenangebot, den ich leider noch nicht einmal heraufgesetzt hatte. Auch kann ich mich nicht erinnern, dass vor dem Tod des österreichischen Literaten Thomas Bernhard dessen Bücher jemals bei mir verlangt wurden, aber seitdem sind seine Werke bei mir fast nie zu bekommen. Auch Marx, Engels und Lenin lagen vor der Wende wie Blei, aber kurz darauf war ich ausverkauft – Nostalgie im Blick auf eine verflossene Weltanschauung.)

Vielmehr meine ich Fälle wie den, dass ich zwei Uhren ein halbes Jahr lang im Schaufenster hatte, ohne dass jemand sich dafür interessiert hätte, bis ich die Uhren am selben Nachmittag an zwei voneinander unabhängige Interessenten verkaufte. Ähnlich verhielt es sich im Fall eines häufigen Reutlinger Heimatbuchs, das circa drei Monate im Schaufenster stand und dann innerhalb einer Stunde von drei Interessenten verlangt wurde. Nur dadurch, dass der Titel dreimal bei mir vorhanden war, konnte größerer Ärger vermieden werden: Ich denke an die Reaktion eines Kunden, der gut ein Jahr lang ein Widmungsexemplar in der Auslage gesehen hatte und eines Tages das

Werk kaufen wollte. Als ich ihm sagte, dass es verkauft sei, wurde er ziemlich böse, schien mir nicht zu glauben und sagte mehrfach: „Das gibt's doch gar nicht.“ Dem zugrunde liegt eine oft gestellte ziemlich irrationale Frage: „Wie lange haben Sie das schon?“, als ob die Tatsache, dass etwas schon 12 Monate liegt, bedeute, dass es auch weiterhin keinen Käufer finden werde.

Da viele Dinge bei mir sehr lange ihrer Entdeckung harren mussten, glaube ich inzwischen, dass ich selbst einen signierten Picasso für 300 DM anbieten könnte und wochenlang niemand reagieren würde. So geschah es zumindest bei einer schönen Ausgabe des Reichsgesetzblatts um 1880, das gute drei Wochen vor dem Laden in einer Wühlkiste für 15 DM lag. Erst dann kaufte es ein Student, der mir danach stolz mitteilte, dass dieser Band die Erstausgabe von Bismarcks Sozialistengesetzgebung enthielt. Von einem geschichtsbewussten SPDler hätte man dafür gut das Zehnfache erzielen können.

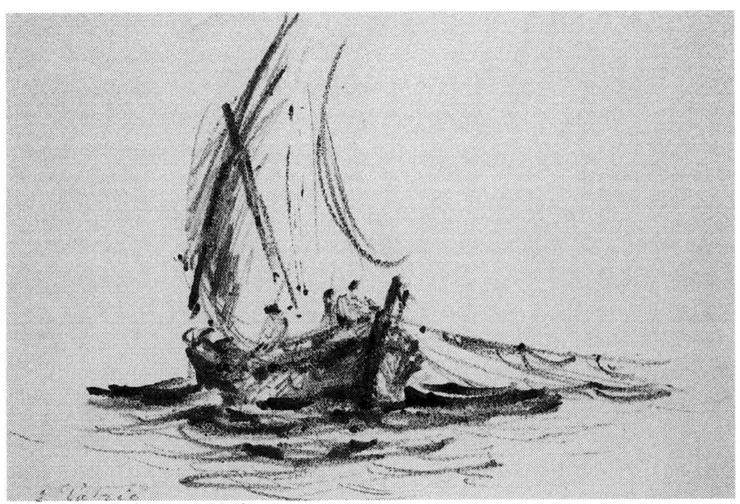

Egbert Patzig (1909-1988)

Eine fast erschreckende Verknüpfung menschlicher Beziehungen spielte sich über einen längeren Zeitraum in meinem Laden wie folgt ab: Ein Akademiker von Weltrang sammelt Werke des Künstlers X. Auch seiner Geliebten schenkte er zu den verschiedensten Anlässen bei mir gekaufte Werke dieses Künstlers, was mich etwas verwunderte, denn die Beschenkte machte auf mich nicht den Eindruck einer

Kunstinteressierten. So geschah es denn auch, dass diese Dame nach Beendigung des Liebesverhältnisses sämtliche Geschenke wieder mir zum Rückkauf anbot. Es ist kaum zu fassen, aber am nächsten Tag kam die Ehefrau des Akademikers und wollte ihm wiederum Kunstwerke des X schenken. So wäre es um ein Haar passiert, dass sie ihrem Mann eine Graphik geschenkt hätte, die dieser bereits seiner Geliebten einmal geschenkt hatte...

Dass der Kunstmarkt klein ist, kann jeder aufmerksame Beobachter feststellen. Für mich war es trotzdem eine Überraschung, dass ich bei meinem ersten Besuch in Wiesbaden in der ersten Kunsthandlung, die ich aufsuchte, ein Gemälde von Alice Haarburger entdeckte, das ich kurz zuvor an einen anderen Händler verkauft hatte.

Kaum zu glauben auch die amtlich belegte Tatsache, dass man mir in meinem eigenen Laden Dinge zum Kauf angeboten hat, die mir ein Jahr zuvor gestohlen worden waren.

Als ich einmal für eine Bank sicherungsübereignete Wertsachen versteigern sollte, durfte ich zum Zweck der Schätzung in das Allerheiligste, den unterirdischen zentralen Kassenraum.

Würden Sie es glauben, wenn jemand berichtete, da sitze ein Mann vor einem Schacht, aus dem das Geld von den Kundenschaltern herunterpratzelt? Und doch bot sich mir genau dieser kuriose Anblick: Mit ohrenbetäubendem Lärm regneten die Münzen herunter, die ein davor sitzender Mann einsammelte und in Rollen verpackte!

Ein über 80-jähriger Kunde von mir hatte um 1930 einige gekonnte Pastelle gemalt, die er irgendwann an mich loswerden wollte und die dann jahrelang fast unbeachtet bei mir angeboten wurden. Eines Tages kaufte ein Händler eines davon aufgrund seiner erfreulichen Qualität. Dieser Händler verkaufte das Bild an einen weiteren Händler, der es auch für so gut hielt, dass er es farbig in seinem Katalog reproduzierte. Doch wundersamerweise war nun das signierte Bild nicht mehr ein Werk meines Kunden, sondern durch gewagte Zuschreibung das einer Berliner Künstlerin aus der Liebermann-Schule geworden. Nur zum Spaß rief ich beim Händler an und erfuhr, dass er gut zehn Bestellungen auf dieses Bild bekommen habe, es aber vor einiger Zeit schon an ein Museum verkaufen konnte; zum achtfachen Preis dessen, was es noch bei mir gekostet hatte. Jetzt hängt also das Jugendwerk eines Reutlinger Beamten in einem Museum als Werk einer Berliner Künstlerin, eine amüsante Verwandlung!

Im April 1995 erwarb ich ein Aquarell, signiert Horrwarth, datiert 1945. Im Schwäbischen Künstlerlexikon fand ich einen Maler Horrwarth in Stuttgart, den ich anrief. Er verwies mich auf einen weitläufigen Verwandten von sich, Erwin Horrwarth aus Reutlingen. Dieser kam in meinen Laden, um das Aquarell zu besichtigen. Er erinnerte sich jedoch überhaupt nicht daran, diese Ansicht von Eningen vor 50 Jahren gemalt zu haben. Die Unterschrift sei aber von ihm, auch sei es sein Malstil. Als ich fragte, ob er das Werk, wenn es nicht signiert wäre, abstreiten würde, bejahte er! Man stelle sich vor, dass ein Künstler sein eigenhändiges Werk verleugnen könnte! Es ist also keineswegs immer der Urheber die höchste Autorität in Echtheitsfragen – ein hübsches Paradox.

Normann Bögle, einem Reutlinger Maler und Kenner schwäbischer Kunst, zeigte ich einmal ein von mir nicht identifiziertes Bild mit der Frage, ob er zufällig den Maler kenne. Wir staunten beide nicht schlecht, als er verwundert sagte: „Ja, das habe ich gemalt!“

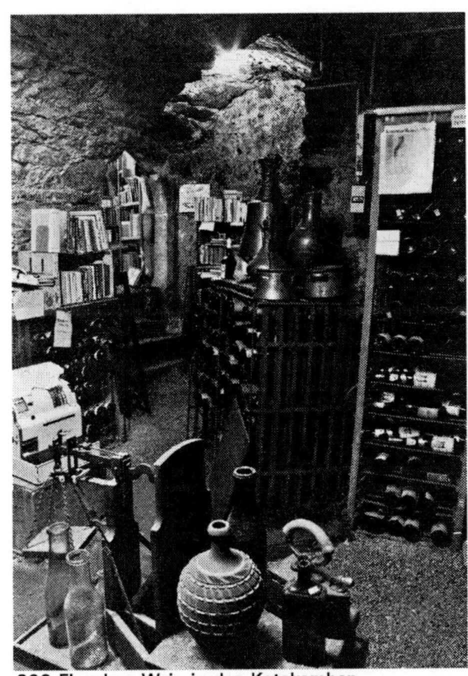
800 Flaschen Wein in den Katakomben

Ein Kunde erzähte mir glaubhaft, dass er einmal in einer Kiste eine Postkarte entdeckte, die seine eigene Oma geschrieben hatte. Und bei mir im Laden blätterte ein Kunde meine Autographensammlung durch und bemerkte verzückt: „Ach, das bin ja ich“, als er plötzlich sein eigenes Autogramm in Händen hielt.

Als ein Ehepaar sich für eine Bibelhandschrift aus dem 13. Jahrhundert interessierte, sagte ich eher beiläufig, ich hätte auch Seiten aus dem Buch Tobias, falls etwa ihr Sohn Tobias hieße – und er hieß Tobias!

Der Ort, an dem die meisten Schnäppchenjäger sich treffen, ist zweifellos der Flohmarkt. Doch gehen sie anscheinend an ihrem Glück vorbei, denn ein junger Mann bot unter anderem auf einem Tübinger Flohmarkt den ganzen Tag vergeblich einen Kupferstich an. Am nächsten Tag brachte er mir seine nicht verkauften Schätze in den Laden. Diesem Stich maß auch ich keine besondere Bedeutung bei.

Nach ungefähr zwei Jahren blätterte ich ausnahmsweise einmal zur reinen Entspannung in einem Katalog über die klassischen Gedenkstätten in Weimar, wobei mein Blick auf ein gerahmtes Bild in Schillers Zimmer fiel, das mir irgendwie bekannt vorkam. Es handelte sich um den gleichen Stich, den mir der junge Mann vom Flohmarkt vor langer Zeit gebracht hatte. Wenn der Dichter Schiller sich das Blatt in seinen Privaträumen aufgehängt hatte, musste es sich doch wohl um etwas Besonderes handeln. Und tatsächlich war der Stecher ein Freund Schillers, der Stuttgarter Johann Gotthard Müller. Der Amerikaner John Trumbull hatte sein berühmtes Gemälde einer entscheidenden Schlacht des amerikanischen Unabhängigkeitskrieges gegen die Engländer als Grafik reproduzieren wollen, und nachdem sich in England aus verständlichen Gründen keiner der Künstler zu dieser landesverräterischen Propagandaaktion fand, wählte Trumbull den Stuttgarter Künstler für diese Aufgabe. Der inzwischen verstorbene Leiter der grafischen Sammlung der Staatsgalerie Stuttgart, Dr. Geissler, bereitete zufällig in den Tagen, als ich die wahre Bedeutung des Blattes erkannte, eine Ausstellung über Müller vor, und da das Exemplar der Staatsgalerie wesentlich schlechter erhalten war als meins, erwarb er meine Grafik noch am Telefon, und ich besitze nun sein Exemplar.

Einem Kunden bot ich eine Zeichnung für über 2 000 DM an. Da ihm dies zu viel war, wollte er nur die Hälfte geben. Als ich erwiderte, dass ich schon mehr dafür im Einkauf bezahlt hätte, antwortete er: „Das glaube ich Ihnen nicht, die haben Sie doch für 50 DM von irgendeiner Oma!“ Dies ist die herrschende Vorstellung über die Einkaufsmöglichkeiten des Kunsthandels. Leider entsprechen sie so gut wie überhaupt nicht der Wirklichkeit, womit ich jedoch nicht sagen will, dass es derartige Schnäppchen gar nicht gäbe.

Wer glaubt, der Kunsthandel würde seine Ware entweder geschenkt bekommen oder auf dem Sperrmüll finden oder von ahnungslosen Omas billigst erwerben, wird sich durch die folgenden Anekdoten sicherlich in seiner undifferenzierten Meinung bestätigt sehen.

Über lange Zeit hinweg beschenkte mich eine freundliche Dame mit ausrangierten Dingen, die ich, um ihre Freundlichkeit nicht zurückweisen zu müssen, dankend annahm, die aber zum größten Teil von mir entweder an Kinder verschenkt wurden oder in den Mülleimer wanderten. Irgendwo war ich sogar gekränkt über diese Freundlichkeit, da ich eigentlich zwischen dem Niveau der Geschenke und der von mir angebotenen Ware einen himmelweiten Unterschied sah.

Nicht wenig wunderte ich mich, als dieselbe freundliche Dame eines Tages einen Koffer mit ziemlich wertvollen Büchern überbrachte, wie immer kostenlos. Manch einer wird sich nun fragen, wieso ich auch dieses Geschenk einfach annahm. Ich habe von einem Kollegen gelernt, der mir folgendes berichtet hatte: Eine alte Frau wollte ihm ein Säcklein alter Münzen schenken. Anständig, wie mein Kollege ist, überschlug er den Wert der Münzen und sagte bescheiden: „Das kann ich nicht annehmen, ich gebe Ihnen dafür tausend Mark“, woraufhin die alte Frau ihre Münzen wieder mitnahm!

Noch unglaublicher ist ein Geschenk, das mir ein Versteigerer machte: Auf seiner Auktion hatte ich mehrere Dinge ersteigert, weshalb mir der Auktionator ein für ihn völlig wertloses Manuskript mit textlichen Bezügen zu Reutlingen dazu kostenlos überließ. Auch mir war die Handschrift zum Wegwerfen zu schade, aber erst nach längerer Zeit befasste ich mich eher aus Langeweile mit ihr. Aufgrund der Thematik kam ich auf die Idee, es könnte sich um ein Manuskript des Dichters Hermann Kurz handeln. Eine diesbezügliche Anfrage beim Stadtarchiv Reutlingen ergab aber, dass es sich um eine Handschrift des Reutlinger Historiographen Bames handelte, dessen Manuskripte so selten sind, dass nicht einmal das Reutlinger Archiv bis dahin eine von ihm besaß. Durch ein Geschenk war also diese kleine Kostbarkeit letztendlich doch an den richtigen Ort gelangt, das Stadtarchiv Reutlingen eben.

Sah ein Kunde ein Objekt bei mir, das zur Dekoration gehört, das heißt, ich wollte es eigentlich gar nicht verkaufen. Als er nun fragte, was das Stück kosten soll, sagte ich wahrheitsgemäß: „Oh, das ist sehr teuer – da habe ich nämlich selbst schon sehr viel dafür bezahlt – : 1 200 DM!“ Der Kunde aber setzte die Satzzeichen in seinem Hirn anders, nämlich so: „Oh, das ist sehr teuer. Da habe ich nämlich selbst schon sehr viel dafür bezahlt, 1 200 DM!“

Weil er also annahm, ich hätte 1 200 DM bezahlt, kam er am nächsten Tag wieder und verkündete: „Ich biete Ihnen 2 500 DM für das Stück!“ Da habe ich nicht nein gesagt...

Was zu sagen übrig bleibt

Wir nähern uns langsam dem Ende dieser Festschrift und können noch lange nicht sagen, wir würden alles Wissenswerte wissen. So bleibt mir nichts anderes zu tun übrig, als Ihnen noch letzte kleine Einblicke zu gewähren. Ich bin mir sicher, dass T.L. Heck noch viele Geschichten zu den Ereignissen seiner Laufbahn erzählen könnte.

2.10.1975 Heck erhält seine Zulassung als Versteigerer und ist somit im Alter von 18 Jahren Deutschlands jüngster Auktionator.

Dezember 1981 Anmeldung eines Gewerbes (Kunst- und Antiquitätenhandel).

1983 Thomas Leon Heck wird als Versteigerer öffentlich bestellt und vereidigt.

Juni 1984 Eröffnung des Heck'schen Antiquariats in der Hafengasse 10 in Tübingen.

Oktober 1984 Hecks erste Präsenz als Verleger auf der weltgrößten Buchmesse in Frankfurt, die für ihn wenig erfolgreich verläuft, da die FAZ den Text seines Hölderlin-Gedichts absprachewidrig veröffentlicht hatte. Dutzende Medien berichten über den Fund, z.B. das Hamburger Abendblatt auf Seite 1, auch im Ausland.

3.10.1985 Erster Besuch der Firma Heck auf einer Schmuck-Fachmesse in Idar-Oberstein.

Oktober 1986 – Oktober 1988 Thomas Leon Heck ist 1. Vorsitzender des Versteigerer-Verbands Baden-Württemberg e.V.

1.1.1987 Eröffnung des Reutlinger Ladens für Kunst, Schmuck, Antiquitäten und Bücher in der Kaiserstraße 64.

30.9.1987 In Hecks Reutlinger Laden wird eingebrochen. Schaden: ca. 10 000 DM. Heck klärt den Fall selbst auf.

Februar 1988 Kurzzeitig besitzt Heck ein Gemälde von Corot und damit erstmals ein Objekt von Weltklasse.

4.6.1989 Heck bildet sich bei der Gesellschaft für Diamantgutachten in Pforzheim weiter für Perlen, Bernstein und Koralle.

20.5.1990 Der Journalist Philipp Maußhardt, der „verdeckt ermittelt" hatte, tritt einen Medienrummel los mit seinem Artikel im Schwäbischen Tagblatt: „Aus Kiesingers Keller". Heck hatte Teile des Nachlasses des früher in Tübingen wohnhaften und hier auch verstorbenen Altbundeskanzlers Kurt Georg Kiesinger erhalten, des Regierungschefs der „Großen Koalition". Darunter waren die Staatsgeschenke des Schahs, dessen Besuch 1967 die Studentenunruhen ausgelöst hat! Ferner die Geschenke des Kaisers Hirohito von Japan, von Papst Paul VI., von Charles de Gaulle u.v.a.
Berichte in DIE ZEIT, BILD, Live-Interview in Radio Luxemburg etc. folgen.

7.9.1990 Gründung der Heck Be- und Verwertungs GmbH.

1994 Heck wird Schirmherr für eine Reihe von vier Sammeltellern der Firma Bradford Exchange, des weltgrößten Herstellers dieser Objekte, mit Motiven von Adolf Eberle. Geschätzte 40 000 Teller in deutschen Wohnzimmern tragen jeweils Hecks Namen auf der Rückseite.

1994 Clemens Otto Buchegger empfiehlt in seinen „privaten Tübinger Tips" das Antiquariat Heck „mit traumhaften Kellerräumen".

November 1995 Die IHK Reutlingen bittet Heck, einen Katalog von 10 Fragen zur Überprüfung unlauterer Methoden in der Versteigererbranche zu erarbeiten.

17.3.1997 Heck erhält vom größten Künstlerlexikon der Welt, dem Allgemeinen Künstlerlexikon, dem Nachfolger des „Thieme-Becker", den Auftrag, die Artikel für Haarburger, Keller-Reutlingen, Schleicher und Schneidler zu verfassen.

13.9.1997 Der Zollern-Alb-Kurier interviewt Heck zu den Vorgängen um eine von den Behörden untersagte Versteigerung des Tübinger Versteigerers Scheel in der Albstädter Villa Blickle. Heck gibt Tips, wie sich Einlieferer und Käufer bei Auktionen schützen können.

7.2.1998 Die 9. deutsche Ausgabe des Who's Who in Germany, Berlin 1997, erscheint, mit einem langen Eintrag und Bild von Heck.

28.3.1998 Erstmals wird eine Gruppe von Touristen, geleitet durch den Stadtführer Uwe Painke, im Rahmen einer Führung durch die Tübinger Altstadt in den historischen Gewölbekeller des Antiquariats Heck gelotst, den einzigen öffentlich zugänglichen Ort der Stadt, an dem der unterirdische Fluchtweg besichtigt werden kann, der im Mittelalter die gesamte Altstadt mit dem Schloss Hohentübingen verband.

17.12.1998 Anfrage des Landeskriminalamtes Stuttgart, wo man Zweifel hatte an der Echtheit eines im Handel angebotenen Werks von Keller-Reutlingen.

30.3.1999 Beginn der Ausstellung „Kleine Gypse – Wohnzimmerrezeption antiker Plastik“ im Schloss Hohentübingen mit einer Leihgabe von Heck sowie dessen Stellungnahmen im Begleitkatalog.

14.4.1999 Der Tübinger Weinkenner Gunter Hölz meint, er habe noch nie ein so gutes Tröpfchen genossen wie einen aus dem Heck'schen Weinkeller gekauften Wein.

27.6.1999 In der Tübinger Tangente Night wird eine zweimonatige Fotoausstellung mit Fotos von André Schmitt eröffnet, darunter 7 Motive aus dem Heck'schen Antiquariat.

13.9.1999 Im Rahmen eines Live-Rollenspiels wird dem Antiquariat Heck in Tübingen der Ort eines Verstecks für eine inhaltsvolle Handschrift zugedacht.

6.10.1999 Heck besucht den ehemaligen Boxweltmeister René Weller in der Justizvollzugsanstalt Heimsheim, um über die Veröffentlichung von dessen Biografie zu verhandeln.
(Pressebericht im Schwäb. Tagblatt am 9.10.)

19.11.1999 Aus einer Broschüre des Landratsamts Tübingen, Abteilung „Abfallwirtschaft“, in der das Auktionshaus-Antiquariat Heck aufgeführt wird, geht hervor, dass man die Tätigkeiten eines Versteigerers und Antiquars volkswirtschaftlich in weitestem Sinne der Abfallwirtschaft zurechnen kann.

19.3.2000 Das Internet-Portal web.de hat der Heck'schen Homepage „www.focusart.com/heck“ eine Relevanz von 50% erteilt.

21.3.2000 Die Reutlinger Druckerei Koch legt in Ermangelung eines roten Teppichs rotes Papier aus, um den Verleger Heck zu empfangen. Am selben Tag lässt Hollywood-Starregisseur Roman Polanski („Rosemaries Baby“ u.a.) für sein Musical „Tanz der Vampire“ eine antike Hebammentasche bei Heck kaufen, nach erfolgloser Suche in ca. 60 Antiquitätenläden in und um Stuttgart.

30.3.2000 Heck macht wieder einmal im eigenen Laden ein Schnäppchen: Nachdem ein Buch von Paul Swiridoff über Heidenheim für nur 14 DM seit 5-10 Jahren in der Württemberg-Abteilung seines Tübinger Ladens vor sich hindümpelt, erkennt der Antiquar rechtzeitig, bevor das Buch ins Altpapier wandern soll, darin 4 Originalholzschnitte von HAP Grieshaber im Wert von zus. über 300 DM.

25.4.2000 Ausgerechnet im eiskalten mittelalterlichen Kellergewölbe des Antiquariats Heck in Tübingen taucht eine Wüstenrennmaus auf.

24.5.2000 Das SWR-Fernsehen sendet in seinem Nachrichtenmagazin „Aktuell" einen Beitrag über den Verkauf der Fürstlich Fürstenbergischen Hofbibliothek. Darin kommentiert der Antiquar Heck den Wert einiger vom Land Baden-Württemberg angekauften Objekte.

25.5.2000 Im Rahmen des Tübinger Bücherfests spricht Heck auf dem Tübinger Marktplatz über sein Leben als Kleinverleger.

7.7.2000 In der Abitursfestschrift des Uhland-Gymnasiums Tübingen erscheint eine Anzeige des Antiquariats Heck, in der ein skurriler HECKSERICH in einen „Laden der dritten Art" lockt mit einem „geheimnisvollen Ladeninhaber mitsamt Zauberlehrling".

Juni 2001 Zwei Absolventen der Filmakademie Ludwigsburg, Daniel Holzwarth und Rüdiger Kaltenhäuser, produzieren einen Animationstrickfilm, bei dem zwei antike Taschenuhren aus dem Antiquariat Heck die einzigen Rollen spielen: In einem tristen Alltag sehnt sich die eine nach der anderen, um dann doch nur verletzt zu werden.

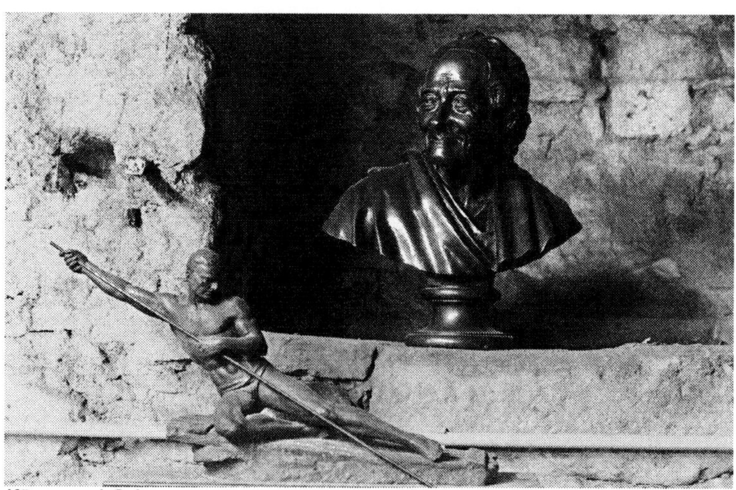

Körper und Geist

Ich bin nicht der Einzige, der sich dem Leben von T.L. Heck verschrieben hat. Zahlreich sind seine Nennungen in allen Medien. Ich hoffe, dass auch diese unabhängigen Beobachter ein stimmiges Bild zeichnen und Sie dort auch das Schaffen von T.L. Heck wiedererkennen werden. Sicher ist auf jeden Fall, dass die Presse einen wohlwollenden Blick auf ihn geworfen hat.

21.11.1986 halbseitiger Artikel im Reutlinger General-Anzeiger über Thomas Leon Heck: „Antiquariat als Lebensform". Darin heißt es u.a.: „Kenner erkennen diesen Typ des echten Antiquars, bei dem das Antiquariat gewissermaßen eine Lebensform ist, sofort und sie tun nichts lieber, als in dessen Geschäft zu stöbern. Sie fühlen sich in einen solchen Laden ein, erahnen seine verborgene Struktur, an dessen scheinbar unaufgeräumtem Äußeren sie schon feststellen, dass hier unter all dem Trödel, der Makulatur, vielleicht gerade das liegt, was sie schon lange suchen. Ein anschauliches Exempel dazu gibt es in Tübingen. Bei Thomas Leon Heck in der Hafengasse herrscht drangvolle Enge [...] Er handelt wie alle echten Antiquare mit etwas ganz Besonderem, er handelt mit Geschichte. Und darin liegt bei allem Geschäft etwas Utopisches. Die Vergangenheit ist eben noch nicht an ihrem Ende, wird der Vergessenheit noch nicht überantwortet. Der Philosoph Ernst Bloch hat es gesehen. Altes, Antiquiertes bekommt neue Bezüge. Der Antiquar verteilt neu, verteilt um, stiftet neue Zusammenhänge von Gegenstand und Besitzer. Abgelegtes beginnt weiterzuleben. Darin liegt viel Romantisches. Ganz unromantisch jedoch stellt der Utopist Bloch die Antiquität als ein Vergissmeinnicht dem drastischen Pseudo-Fortschritt ins Nichts entgegen. Und tatsächlich ist dem Antiquar, zumal dem echten, dem der Beruf zur Aufgabe, zur Lebensform wird – auch dies ein unaufgedröseltes Paradox –, ein Nichts nicht einfach nichts. Ihm ist alles etwas wert, jedes hat seine Würde."

30.11.1991 Der Reutlinger General-Anzeiger stellt in seiner Beilage „Heimat und Welt" Tübinger und Reutlinger Antiquariate vor. „Heck ist 'zur Hälfte' Kunst- und Antiquitäten-Händler, was auch seine persönliche Neigung widerspiegelt. Schmuck, Bilder oder Porzellan sind für ihn die 'weltliche Komponente' zur geistigen der Bücherwelt. Diese 'weltlichen' Dinge stellt er vorwiegend in seinem Reutlinger Laden aus. Interessante Beobachtung des Kunsthändlers am Rande: Im Tübinger Geschäft mit dem Trödelimage überwindet der Kunde leichter die Schwellenangst als im gepflegteren Pendant in der Achalmstadt. Dort wird vom Äußeren auf den Preis geschlossen. Nicht selten ein Trugschluss."

November 1993 In den TÜBINGER BLÄTTERN (80.Jgg.) erscheint ein dreiseitiger Artikel über den „Tübinger Antiquar und Verleger" Thomas Leon Heck unter dem schmeichelhaften Titel: „Geist auf griechisch". (Hier abgedruckt auf Seite 19-24)

27.12.1993 In einer Besprechung der TÜBINGER BLÄTTER im Schwäbischen Tagblatt hält der Rezensent diese „einfühlsame und unprätentiöse Geschichte über den Antiquar Thomas Leon Heck" für den „kurzweiligsten und pointiertesten" Beitrag und meint: „Wohl der Stadt, die solch einen skurril-genialen Einzelgänger wie diesen Sammler und Verleger ihren Bürger nennen kann!"

15.5.1995 In der WELTKUNST erscheint ein zweiseitiger Artikel von Heck über Keller-Reutlingen als „Vorläufer des Magischen Realismus" mit 4 Abbildungen. An anderer Stelle heißt es im selben Heft in einem Artikel über „Kunsthandel in Baden-Württemberg": „Von Thomas Leon Heck, in Reutlingen und Tübingen angesiedelt, ist man gewohnt, dass er auf einen äußerst innovativen und vielseitigen Kunsthandelsbetrieb Wert legt. [...] Hecks theoretisches Interesse an allen den Kunstmarkt betreffenden Situationen bewegt ihn derzeit mit Überlegungen, wie man diesen noch transparenter machen könnte. Dies wäre für ihn in Anlehnung an die Banken-Schufa vielleicht auch auf dem Kunstmarkt zu verwirklichen" (S. 1301).

11.4.1996 Das Schwäbische Tagblatt berichtet ausführlich über die von Heck erworbene Urkunde der Verleihung der Ehrendoktorwürde an Fürst Bismarck im Jahre 1885 durch die Universität Tübingen.

17.2.1997 Der Balinger Zollern-Alb-Kurier berichtet über eine sehr seltene Dissertation aus Hecks Warenbestand: „Tübinger entdeckt Untersuchung zu Schwefelquellen von 1736. Promotion zu Schwefelquellen, das Buch mit sieben Siegeln? Stadtarchiv muss Antiquar-Angebot wegen fehlender Mittel ausschlagen." Nach langwierigen Verhandlungen kommt der Ankauf doch noch zustande.

27.3.1997 Deutschlandradio Berlin (RIAS) strahlt eine fast halbstündige Rundfunksendung über Tübingen aus. Unter dem Titel „Der Sieger geht baden" wird die nach dem Focus-Ranking „lebenswerteste Stadt Deutschlands" porträtiert angesichts ihrer leeren Kassen. Die letzten 4 Minuten lang bildet ein Porträt des „aufgeweckten Zeitbürgers" Thomas Leon Heck und seines skurrilen Ladens „den erfreulichen Ausklang".

Juni 1998 Die in Middelburg/Holland alle zwei Monate erscheinende Kulturzeitschrift Zeeuws Tijdschrift schreibt über „das Bücherweltreich von Thomas Leon Heck, Antiquar, Herausgeber und Schriftsteller": Man trete ein „in ein Labyrinth des Geistes", das einem

Möglichkeiten eröffne, die am besten „mit Surfen im Internet" verglichen werden könnten! Auch über Hecks WELTKUNST-Abbildungs-Index heißt es an derselben Stelle, dass „dieses gigantische Register", „een absolute aanrader voor de kunstliefhebber", seinen Benutzern „eine Welt eröffne" (Nr. 2, 1998, S. 27-29).

2.7.1998 Das Tübinger Schwäbische Tagblatt schickt einen Fotografen, um Hecks Hammer fotografieren zu lassen. Das 29 cm lange Prachtstück wird dann auch am 4.7. auf S. 29 mehrfach abgebildet und ist auch hier auf Seite 35 zu sehen.

26.11.1998 Bericht des Schwäbischen Tagblatts über ein Autograph von Joseph Süß Oppenheimer, genannt Jud Süß, das Heck versteigern will.

7.12.1998 Das 3. Fernsehprogramm des Südwestrundfunks berichtet über den Roman „Kellerkult" von Susanne Bächer, der von Tübinger Kellern inspiriert ist. Die Landesschau bezeichnet dabei Hecks Antiquariat in einem Keller aus dem 13. Jahrhundert als „Paradies für Sammler"! Heck selbst weist in dem Filmbericht auf das seines Erachtens größte Tübinger Geheimnis hin, einen sagenhaften Gang, der alle Tübinger Altstadthäuser miteinander verbindet und im Mittelalter als geheimer Fluchtweg direkt zum Schloss führte. Der Beitrag wird wiederholt am 11.12. im Ersten Deutschen Fernsehprogramm!

22.1.1999 Der Reutlinger General-Anzeiger widmet im Rahmen einer breiten Untersuchung über den Buchmarkt in Reutlingen und Tübingen dem Antiquariat Heck in Reutlingen einen eigenen Bericht, der sich mit dessen – durch die Schließung des Antiquariats Knödler – jüngst entstandener Marktführerstellung am Ort befasst.

15.6.1999 Die WELTKUNST schreibt über Thomas Leon Heck: „Seine kunsthändlerischen Aktivitäten sind ungewöhnlich vielfältig." (S. 1103)

Sie haben schon alles gelesen? Sie wollen das Buch aber immer noch nicht aus der Hand legen? Na gut, ein letztes Bonbon für Sie, verehrte Leserschaft, lesen Sie T.L. Hecks beste Geschichte, die über seine Erlebnisse mit der Familie Kiesinger.

Die Vorgeschichte 1967

1967 war Kurt Georg Kiesinger Regierungschef der „Großen Koalition" und deutscher Bundeskanzler. Seine Einladung an den Schah von Persien zum Staatsbesuch in Deutschland löste in Berlin Unruhen aus, die am 2. Juni zum Tod des Benno Ohnesorg führten und infolge dessen zu einer ausufernden Studentenrevolte, zu der bis heute nachwirkenden 68er-Revolution. Diese Vorgänge berührten mich als Zehnjährigen jedoch in keiner Weise, und ich konnte nicht ahnen, dass ich selbst Jahrzehnte später mit diesen weltgeschichtlichen Dimensionen in Berührung kommen würde. Als der wenig später herausgegebene prächtige Fotoband des Burda-Verlags: „Krönung in Teheran – Persiens Kaiserpaar" verramscht wurde, erwarb ich (elfjährig) ein Exemplar davon in der Aignerschen Buchhandlung in Ludwigsburg für 5 DM. Ich erinnere mich so genau an den Vorgang, weil ich von den Fotos der Kronjuwelen des Herrscherpaars auf dem Pfauenthron in Teheran fasziniert war. Hier übten Macht und Schönheit eine Wirkung auf mich aus, die wohl jede klassische Burda-Leserin nachvollziehen kann.

Gescheiterte Kontaktaufnahme

Als ich 1982 anfing, Kunst- und Antiquitätenversteigerungen in Tübingen durchzuführen, lud ich auch öfter brieflich den Altkanzler dazu ein, der inzwischen hier wohnte und als Schöngeist galt. Doch leider ließ er sich nicht zu einem Besuch bewegen.

Die Begegnung 1988

Im März 1988 musste ich auf dem Fußweg zu meinem Laden am Kupferbau in Tübingen halten, als eine Staatskarosse direkt vor mir vorbeifuhr, darin ein Sarg! Als ich mich umdrehte, sah ich den Stadtfriedhof voll von Trauernden. Am Abend zeigte das Fernsehen den Staatsakt für Kurt Georg Kiesinger auf der Königstraße in Stuttgart. Das war die einzige Begegnung zwischen mir und diesem Staatsmann, in einem Abstand von weniger als einem Meter zu seinem Leichnam. Ich war erschüttert.

Der Nachlass

Nachdem ich auch daran schon lange nicht mehr dachte, betrat im April 1990 – zwischenzeitlich war ich 33 – eine freundliche Dame mein Antiquariat in der Hafengasse und fragte nach der berühmten pietistischen Darstellung „Vom breiten und vom schmalen Weg". Ich beschaffte die Grafik, die Kundin war hoch zufrieden. Sie wollte nun wissen, ob ich auch Bilder bewerten könne, was ich bejahte. Kurz darauf brachte sie ein Gemälde mit, auf dem prunkvollen Rahmen eine goldene Krone. Ich fragte die Dame, was das bedeute. Sie erklärte, dies sei die Tiara des Papstes. Ich wollte nun wissen, wie sie an das Bild gekommen sei. Sie antwortete: „Das hat ER meiner Mutter geschenkt." Ich: „Wie heißt denn Ihre Mutter?" Sie: „Kiesinger". Schluck! Jetzt nur nicht nervös werden: Die freundliche Person war die Tochter des Exbundeskanzlers und Mutter von „Fröschle", die Älteren werden sich an diesen Medienliebling noch erinnern.

Ich nahm den Schätzauftrag an und fand heraus, dass das Bild – typisch Vatikan? – eine Kopie war: Christus Pantokrator nach van Eyck, Wert etwa 5 000 DM. Nun wollte die Tochter Kiesingers mir das Bild aus dem Besitz von Papst Paul VI. verkaufen. Sie habe aber noch viel mehr, und ich solle mal in die Engelfriedshalde kommen. So saß ich noch am selben Abend der ehemaligen First Lady gegenüber, Frau Marie-Luise Kiesinger, in dem Sessel, in den so mancher Politiker staatstragend sein Gesäß platziert hatte. Vor Aufregung hatte ich zwischenzeitlich Kopfweh. Die Verkaufsverhandlungen waren dennoch erfolgreich, so dass ich anschließend kubikmeterweise neben viel Wertlosem auch Kostbares aus dem Nachlass des Kanzlers erwarb, darunter die Staatsgeschenke des Kaisers Hirohito von Japan und von Charles de Gaulle. Ferner konnte ich aus Kiesingers Bibliothek sein eigenes Exemplar mit der Nummer 1 einer von ihm selbst veranlassten prachtvollen Buchausgabe zum Staatsbesuch von Königin Elizabeth II erwerben. Zuletzt waren da noch die Geschenke des Schahs und seines – später vom Chomeini-Regime hingerichteten – Außenministers Hoveyda, mit deren Besuch anno 1967 ich nun plötzlich auf ganz eigentümliche Weise verwoben war.

Der größte Medienrummel meines Lebens

Diskretion über das normale Maß hinaus war mit der Familie Kiesinger nicht vereinbart, so dass ich mich nicht verpflichtet sah, die (wertsteigernden) Besitzvermerke auf einzelnen Objekten zu entfernen, wie z.B. auf einem Steuerrad, das die Bundes-CDU „ihrem geschätzten Vorsitzenden“ gewidmet hatte. Dies führte dazu, dass der Journalist Philipp Maußhardt mit seinem Artikel im Schwäbischen Tagblatt: „Aus Kiesingers Keller“ einen gewaltigen Medienrummel lostrat: Berichte in DIE ZEIT, BILD, Live-Interview in Radio Luxemburg etc. Der Erfolg war u.a., dass ein Käufer unbesehen den Wandschirm des Kaisers Hirohito kaufte, ein Kaufverhalten, das ich in 25 Jahren erst zweimal erlebt habe.

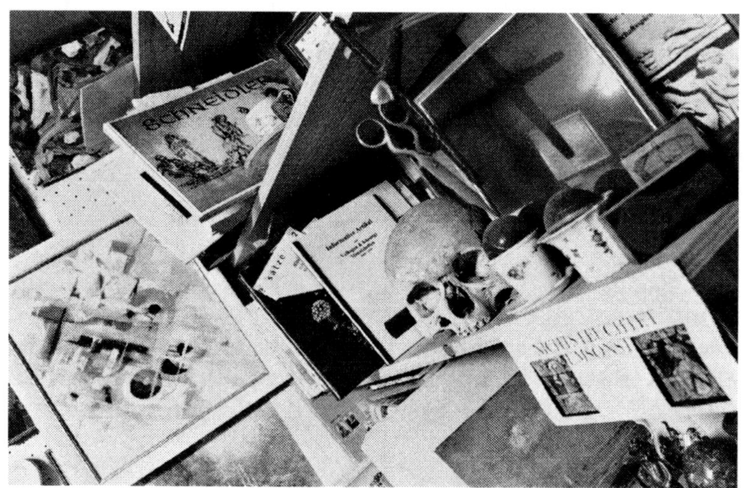

Memento mori

Etwa ein halbes Jahr später starb auch die ehemalige First Lady, und die faszinierendste Geschichte meiner Laufbahn fand ihr recht trauriges Ende durch meinen Besuch am Grab der beiden Kiesingers.

Ihnen hat dieses Buch gefallen? Sie wollen unbedingt diesen wunderbaren Menschen kennenlernen und seine Geschäfte besuchen, vielleicht das eine oder andere Prachtstück finden, doch Sie wissen nicht wohin?
Oder würden Sie gerne eines der Bilder aus diesem Buch an Ihrer eigenen Wand hängen sehen? Ich habe mir sagen lassen, einige könnte man noch erwerben. Doch damit wenden Sie sich auch am besten direkt an T.L. Heck.

Kunst- & Antiquitätenhandel
Buch- & Graphikantiquariat
Schätzungen
Versteigerungen aller Art
Nachlassverwertung
Verlag

Thomas Leon Heck

Öffentlich bestellter und vereidigter Versteigerer

Hafengasse 10 – 72070 Tübingen – 07071/26306
Kaiserstrasse 64 – 72764 Reutlingen – 07121/370911
FAX 07071/87408
www.focusart.com/heck
tom-con@gmx.de